D0951787

Jean Anouilh

L'alouette

La Table Ronde

L'alouette a été créée le 14 octobre 1953 au Théâtre Montparnasse-Gaston Baty, direction Marguerite Jamois, dans un décor et des costumes de Jean-Denis Malclès avec par ordre d'entrée en scène :

JEAN-LOUIS RICHARD, *Warwick.*

MARCEL-ANDRÉ, *Cauchon.*

SUZANNE FLON, *Jeanne.*

MARCEL PÉRÈS, *le père.*

MARIE LEDUC, *la mère.*

PAUL BISCIGLIA, *le frère.*

ROLAND PIÉTRI, *le Promoteur.*

MICHEL ETCHEVERRY, *l'Inquisiteur.*

FRANÇOIS MARIÉ, *Frère Ladvenu.*

CLAUDE RICHARD, *Beaudricourt.*

GÉRARD DARRIEU, *Boudousse, La Hire.*

ISABELLE EHNI, *Agnès.*

ANNE GUÉRINI, *la reine.*

MICHEL BOUQUET, *Charles.*

DENISE PERRET, *la reine Yolande.*

MAURICE JACQUEMONT, *l'Archevêque.*

HENRY GRANGÉ, *La Trémouille.*

GEORGES NOREL, *le Bourreau.*

FRANCK ESTANGE, *un soldat anglais.*

GUY PINTAT, *le page.*

PERSONNAGES

JEANNE

CAUCHON
L'INQUISITEUR
LE PROMOTEUR
FRÈRE LADVENU

LE COMTE DE WARWICK

CHARLES
LA REINE YOLANDE
LA PETITE REINE
AGNÈS
L'ARCHEVÊQUE
LA TRÉMOUILLE
BEAUDRICOURT
LA HIRE

LE PÈRE
LA MÈRE
LE FRÈRE

LE BOURREAU
LE GARDE BOUDOUSSE
LE SOLDAT ANGLAIS
LE SECOND SOLDAT ANGLAIS
LE PAGE DU ROI

Un décor neutre, des bancs pour le tribunal, un tabouret pour Jeanne, un trône, des fagots.

La scène est d'abord vide, puis les personnages entrent par petits groupes.

Les costumes sont vaguement médiévaux, mais aucune recherche de forme ou de couleur ; Jeanne est habillée en homme, une sorte de survêtement d'athlète, d'un bout à l'autre de la pièce.

En entrant, les personnages décrochent leurs casques ou certains de leurs accessoires qui avaient été laissés sur scène à la fin de la précédente représentation, ils s'installent sur les bancs dont ils rectifient l'ordonnance. La mère se met à tricoter dans un coin. Elle tricotera pendant toute la pièce, sauf quand c'est à elle.

Les derniers qui entrent sont Cauchon et Warwick.

WARWICK, *il est très jeune, très charmant, très élégant, très racé.*

Nous sommes tous là ? Bon. Alors le procès, tout de suite. Plus vite elle sera jugée et brûlée, mieux cela sera. Pour tout le monde.

Mais, Monseigneur, il y a toute l'histoire à jouer. Domremy, les Voix, Vaucouleurs, Chinon, le Sacre...

WARWICK

Mascarades! Cela, c'est l'histoire pour les enfants. La belle armure blanche, l'étendard, la tendre et dure vierge guerrière, c'est comme cela qu'on lui fera ses statues, plus tard, pour les nécessités d'une autre politique. Il n'est même pas exclu que nous lui en élevions une à Londres. J'ai l'air de plaisanter, Monseigneur, mais les intérêts profonds du Gouvernement de Sa Majesté peuvent être tels, dans quelques siècles... Pour l'instant, moi , je suis Beauchamp, comte de Warwick; je tiens ma petite sorcière crasseuse sur une litière de paille au fond de ma prison de Rouen, ma petite empêcheuse de danser en rond, ma petite peste — je l'ai payée assez cher...

(Si j'avais pu l'acheter directement à ce Jean de Ligny qui l'a capturée, je l'aurais eue à un prix raisonnable. C'est un homme qui a besoin d'argent. Mais il a fallu que je passe par le duc de Bourgogne. Il avait été sur l'affaire avant nous, il savait que nous en avions envie et, lui, il n'avait pas besoin d'argent. Il nous l'a durement fait sentir.)

Mais le Gouvernement de Sa Majesté a toujours su payer le prix qu'il fallait pour obtenir quelque chose sur le continent. Elle nous aura coûté cher, la France !... Enfin, je l'ai, ma pucelle...

> *Il touche Jeanne accroupie dans son coin du bout de son stick.*

C'est d'un coût exorbitant pour ce que c'est, mais je l'ai. Je la juge et je la brûle.

CAUCHON

Pas tout de suite. Elle a toute sa vie à jouer avant. Sa courte vie. Cette petite flamme à l'éclat insoutenable — tôt éteinte. Ce ne sera pas bien long, Monseigneur.

> WARWICK, *va s'asseoir dans un coin, résigné.*

Puisque vous y tenez. Un Anglais sait toujours attendre.

> *Il demande inquiet :*

Vous n'allez pas vous amuser à refaire toutes les batailles tout de même ? Orléans, Patay, Beaugency... ce serait extrêmement désagréable pour moi.

CAUCHON, *sourit.*

Rassurez-vous, Monseigneur, nous ne sommes pas assez nombreux pour jouer les batailles...

WARWICK

Bien.

CAUCHON, *se retourne vers Jeanne.*

Jeanne ?

Elle lève les yeux sur lui.

Tu peux commencer.

JEANNE

Je peux commencer où je veux ?

CAUCHON

Oui.

JEANNE

Alors au commencement. C'est toujours ce qu'il y a de plus beau, les commencements. A la maison de mon père quand je suis encore petite. Dans le champ où je garde le troupeau, la première fois que j'entends les Voix.

> *Elle est restée accroupie à la même place, les personnages qui n'ont rien à voir avec cette scène s'éloignent dans l'ombre. Seuls s'avancent le père, la mère, le frère de Jeanne qui auront à intervenir. La mère tricote toujours.*

C'est après l'Angélus du soir. Je suis toute petite. J'ai encore ma tresse. Je ne pense à rien. Dieu est bon, qui me garde toute pure et heureuse auprès de ma mère, de mon père et de mes frères, dans cette petite enclave épargnée autour de Domremy, tandis que les sales godons brûlent, pillent et violent dans le pays. Mon gros chien est venu mettre son nez contre ma jupe... Tout le monde est bon et fort autour de moi, et me protège. Comme

c'est simple d'être une petite fille heureuse!...
Et puis soudain, c'est comme si quelqu'un me
touchait l'épaule derrière moi, et pourtant je sais
bien que personne ne m'a touchée, et la voix
dit...

QUELQU'UN, *demande soudain au fond :*

Qui fera les voix?

JEANNE, *comme si c'était évident.*

Moi, bien sûr.

Elle continue :

Je me suis retournée, il y avait une grande et
éblouissante lumière du côté de l'ombre, derrière
moi. La voix était douce et grave et je ne la con-
naissais pas; elle dit seulement ce jour-là :

— Jeanne, sois bonne et sage enfant, va souvent
à l'église.

J'étais bonne et sage et j'allais souvent à l'église.
Je n'ai pas compris, j'ai eu très peur et je me suis
sauvée en courant. C'est tout la première fois. Je
n'ai rien dit en rentrant chez moi.

Un silence, elle rêve un peu, elle ajoute :

Je suis revenue un peu après, avec mon frère,
chercher le troupeau que j'avais laissé. Le soleil
s'était couché et il n'y avait plus de lumière.

Alors il y a eu la seconde fois. C'était l'Angélus
de midi. Une lumière encore, mais en plein soleil
et plus forte que le soleil. Je l'ai vu, cette fois!

15

CAUCHON

Qui ?

JEANNE

Un prud'homme avec une belle robe bien repassée
et deux grandes ailes toutes blanches. Il ne m'a
pas dit son nom ce jour-là, mais plus tard j'ai appris
que c'était Monseigneur saint Michel.

WARWICK, *agacé, à Cauchon.*

Est-il absolument nécessaire de lui laisser raconter
encore une fois ces niaiseries ?

CAUCHON, *ferme.*

Absolument nécessaire, Monseigneur.

*Warwick se remet dans son coin en silence, il
respire une rose qu'il tient à la main.*

JEANNE, *avec la grosse voix de l'Archange.*

— Jeanne, va au secours du roi de France et tu
lui rendras son royaume.

Elle répond :

— Mais, Messire, je ne suis qu'une pauvre fille,
je né saurais chevaucher, ni conduire des hommes
d'armes...

— Tu iras trouver M. de Beaudricourt, capitaine
de Vaucouleurs...

*Beaudricourt se redresse dans la foule et se
glisse au premier rang, faisant signe aux autres*

16

que ça va être à lui — quelqu'un le retient, ce n'est pas encore à lui.

... il te donnera des habits d'homme et il te fera mener au dauphin. Sainte Catherine et sainte Marguerite viendront t'assister.

Elle s'écroule soudain sanglotante, épouvantée.

— Pitié! Pitié, Messire! Je suis une petite fille, je suis heureuse. Je n'ai rien dont je sois responsable, que mes moutons... Le royaume de France c'est trop pour moi. Il faut considérer que je suis petite et ignorante et pas forte du tout. C'est trop lourd, Messire, la France! Il y a des grands capitaines autour du roi qui sont forts et qui ont l'habitude... Et puis eux, ça ne les empêche pas de dormir quand ils perdent une bataille. Ils disent qu'il y a eu une préparation d'artillerie insuffisante, qu'ils n'ont pas été secondés, qu'ils ont eu de la neige ou le vent contre eux et tous les hommes morts, ils les rayent tout simplement sur leurs listes. Moi je vais y penser tout le temps, si je fais tuer des hommes... Pitié, Messire!

Elle se redresse et d'un autre ton :

Ah! ouiche! Pas de pitié. Il était déjà parti et moi j'avais la France sur le dos.

Elle ajoute, simplement :

Sans compter le travail à la ferme et mon père qui ne badinait pas.

Le père, qui tournait en rond autour de la mère, explose soudain.

LE PÈRE

Qu'est-ce qu'elle fout ?

LA MÈRE, *toujours tricotant*.

Elle est aux champs.

LE PÈRE

Moi aussi, j'étais aux champs et je suis rentré.
Il est six heures. Qu'est-ce qu'elle fout ?

LE FRÈRE, *s'arrêtant un instant de se décrotter le nez*.

La Jeanne ? Elle rêve auprès de l'Arbre aux Fées.
Je l'ai vue en rentrant le taureau.

LE PROMOTEUR, *aux autres au fond*.

L'Arbre aux Fées ! Je vous prie de noter, Messieurs. Superstition. Sorcellerie déjà en herbe !
L'Arbre aux Fées !

CAUCHON

Il y en a partout en France, Messire Promoteur,
des arbres aux Fées. Il nous faut laisser quelques
fées aux petites filles, dans notre propre intérêt.

LE PROMOTEUR, *pincé*.

Nous avons nos saintes, cela doit leur suffire !

CAUCHON, *conciliant*.

Plus tard, certainement. Mais quand elles sont
encore toutes petites... Jeanne n'avait pas quinze ans.

18

A quinze ans une fille est une fille. Ces garces savent déjà tout!

CAUCHON

Jeanne était très pure et très simple, alors. Vous savez que je ne l'épargnerai guère sur ses voix, au cours du procès, mais j'entends lui passer ses fécs de petite fille...

Il ajoute, ferme :

Et c'est moi qui préside ces débats.

Le Promoteur s'incline, haineux, et se tait.

LE PÈRE, *explose à nouveau.*

Et qu'est-ce qu'elle fait près de l'Arbre aux Fées?

LE FRÈRE

Allez le savoir avec elle! Elle regarde droit devant elle. Elle rêve comme si elle attendait quelque chose, ce n'est pas la première fois que je la vois.

LE PÈRE, *le secoue.*

Pourquoi ne l'as-tu pas dit, petit malheureux? Tu y crois encore aux filles qui rêvent, à ton âge, grand dadais? Elle attend quelqu'un, oui, pas quelque chose! Je vous dis qu'elle a un amoureux, la Jeanne. Donnez-moi ma trique!

LA MÈRE, *doucement, tricotant toujours.*

Mais, papa, tu sais bien que Jeanne est pure comme l'enfant!

LE PÈRE

Les filles, c'est pur comme l'enfant, ça vous tend leur front pour le baiser du soir avec des yeux bien clairs où on peut lire jusqu'au fond, une dernière fois un soir. Et puis crac! le lendemain matin — on les a pourtant enfermées à clef — on ne sait pas ce qui s'est passé, on ne peut plus rien y lire du tout, dans leurs yeux, ils vous fuient et elles vous mentent! C'est devenu le diable.

LE PROMOTEUR, *lève un doigt.*

Le mot est prononcé, Messires, et par son père!

LA MÈRE

Comment le sais-tu, toi? Jeanne était pure ce matin encore quand elle est partie aux champs et moi quand tu m'as prise chez mon père j'étais pure... Comment étaient donc mes yeux le lendemain?

LE PÈRE, *grommelle.*

Pareils. Là, n'est pas la question.

LA MÈRE

C'est donc que tu as connu d'autres filles, bonhomme? Tu ne me l'avais jamais dit, ça!

LE PÈRE, *tonne pour masquer sa gêne.*

Je te dis qu'il n'est pas question de toi, ni d'autres filles, mais de Jeanne! Donne-moi ma trique. Je vais la chercher, moi. Et si elle a un rendez-vous, je les assomme, tous les deux.

JEANNE, *sourit doucement.*

Oui, j'ai un rendez-vous, mais mon amoureux avait deux grandes ailes blanches, une belle robe bien repassée et de sa voix grave il répétait :
— Jeanne! Jeanne! Qu'attends-tu? Il y a grand-pitié au royaume de France.
— J'ai peur, Messire, je ne suis qu'une pauvre fille; vous vous êtes sûrement trompé.
— Est-ce que Dieu se trompe, Jeanne?

> *Elle se retourne vers les juges.*

Je ne pouvais tout de même pas lui répondre oui?

LE PROMOTEUR, *hausse les épaules.*

Il fallait faire ton signe de croix!

JEANNE

Je l'ai fait et l'Archange avec moi en me regardant bien dans les yeux pendant que la cloche sonnait.

LE PROMOTEUR

Il fallait lui crier : « Vade retro Satanas! »

JEANNE

Je ne sais pas le latin, Messire.

LE PROMOTEUR

Ne fais pas l'idiote! Le diable comprend le français. Il fallait lui crier : « Va-t'en, sale diable puant,
ne me tente pas davantage! »

JEANNE, *crie.*

Mais c'était saint Michel, Messire!

LE PROMOTEUR, *ricane.*

Qu'il t'a dit, petite dinde! Et tu l'as cru?

JEANNE

Bien sûr. D'abord, ça ne pouvait pas être le
diable, il était si beau.

LE PROMOTEUR, *proclame dressé, hors de lui.*

Justement! Le diable est beau!

JEANNE, *scandalisée.*

Oh! Messire!

CAUCHON, *apaise le Promoteur d'un geste.*

Je crains, Messire Promoteur, que ces subtilités
théologiques — qui peuvent être matière à discus-
sion entre clercs — dépassent l'entendement de cette
pauvre fille. Vous la scandalisez inutilement.

JEANNE, *s'est dressée aussi, elle crie au Promoteur.*

Tu as menti, Chanoine! Je ne suis pas si savante que toi, mais je sais moi que le diable est laid et que tout ce qui est beau est l'œuvre de Dieu.

LE PROMOTEUR, *ricane.*

Ce serait trop facile!

Il ajoute :

Et trop bête! Crois-tu donc que le diable est bête? Il est mille fois plus intelligent que toi et moi réunis. Quand il veut tenter une âme, tu crois qu'il se présente à elle comme un chat au derrière empuanti, comme un chameau d'Arabie, comme une licorne épouvantable? Dans les contes pour enfants peut-être!... En réalité le diable choisit la nuit la plus douce, la plus lumineuse, la plus embaumée, la plus trompeuse de l'année... Il prend les traits d'une belle fille toute nue, les seins dressés, insupportablement belle...

CAUCHON, *l'arrête sévère.*

Chanoine! Vous vous égarez. Vous voilà bien loin du diable de Jeanne, si elle en a vu un. Je vous en prie, ne mélangeons pas les diables de chacun.

LE PROMOTEUR, *se reprend, confus,*
au milieu des sourires des autres.

Je m'excuse, Monseigneur, mais il n'y a qu'un diable.

CAUCHON

D'ailleurs, nous n'en sommes pas au procès. Nous l'interrogerons tout à l'heure. Continue, Jeanne.

JEANNE, *est restée interdite, elle dit encore :*

Alors si le diable est beau, comment peut-on savoir que c'est le diable ?

LE PROMOTEUR

En le demandant à ton curé.

JEANNE

On ne peut pas le savoir tout seul ?

LE PROMOTEUR

Non. C'est pourquoi il n'y a pas de salut hors l'Église.

JEANNE

On n'a pas toujours son curé avec soi, sauf les riches. C'est difficile pour les pauvres.

LE PROMOTEUR

C'est difficile pour tout le monde de ne pas être damné.

CAUCHON

Laissez-la, Messire Promoteur, laissez-la parler avec ses Voix, tranquillement. C'est le commencement de l'histoire. Personne ne peut les lui reprocher encore.

JEANNE, *continue.*

Et puis une autre fois c'est sainte Marguerite et
sainte Catherine qui sont venues...

> *Elle se retourne avec un peu de défi espiègle
> vers le Promoteur et lui lance :*

Et elles étaient belles, elles aussi!

LE PROMOTEUR, *ne peut s'empêcher
de lancer, soudain tout rouge.*

Étaient-elles toutes nues?

JEANNE, *sourit.*

Oh! Messire! Croyez-vous que Notre-Seigneur
n'ait pas les moyens de payer des robes à ses
saintes?

> *Il y a des petits rires à cette réponse et le
> Promoteur se rassoit, confus.*

CAUCHON

Vous nous faites tous sourire, vous voyez, Messire
Promoteur, avec vos questions. Abstenez-vous dorénavant d'intervenir tant que nous n'aborderons pas
le fond du débat. Et surtout, n'oubliez pas que
dans cette histoire, même en la jugeant — surtout
en la jugeant — nous avons la charge de cette âme
qui est dans ce petit corps frêle et insolent... Quelle

confusion risquez-vous de jeter dans cette jeune cervelle en lui insinuant que le bien et le mal ce n'est qu'une question de vêtements! Nos saints sont généralement vêtus, dans leur représentation habituelle, je vous l'accorde. Mais...

JEANNE, *lance au Promoteur*.

Notre-Seigneur est bien nu sur la croix!

CAUCHON, *se retourne vers elle*.

Tu as dit ce que j'allais dire, Jeanne, en me coupant la parole, d'ailleurs! Mais ce n'est pas à toi à reprendre le vénérable Chanoine. Tu oublies qui tu es et qui nous sommes. Tes pasteurs, tes maîtres, et tes juges. Garde-toi de ton orgueil, Jeanne, si le démon un jour peut t'atteindre, c'est de lui qu'il se servira.

JEANNE, *doucement*.

Je sais que je suis orgueilleuse... Mais je suis une fille de Dieu. S'Il ne voulait pas que je fusse orgueilleuse, pourquoi m'a-t-Il envoyé Son Archange flamboyant et Ses Saintes vêtues de lumière? Pourquoi m'a-t-Il promis de convaincre tous ces hommes que j'ai convaincus — et d'aussi savants, d'aussi sages que vous — d'avoir une belle armure blanche, don de mon roi, une fière épée et de conduire tous ces vaillants garçons au milieu de la mitraille, toute droite sur mon cheval? Il n'avait qu'à me laisser à garder mes moutons et à filer près

de ma mère, je ne serais jamais devenue orgueilleuse...

Pèse tes paroles, Jeanne, pèse tes pensées! Tu
accuses ton Seigneur maintenant.

JEANNE, *se signe.*

Qu'Il m'en garde! Je dis que Sa Volonté soit
faite même s'Il a voulu me rendre orgueilleuse et
me damner. C'est aussi Son droit.

LE PROMOTEUR, *ne peut plus se retenir.*

Épouvantable! Ce qu'elle dit est épouvantable!
Dieu peut-il vouloir damner une âme? Et vous
l'écoutez sans frémir, Messires? Je vois là le germe
d'une affreuse hérésie qui déchirera un jour l'Église...

*L'Inquisiteur s'est levé. C'est un homme à l'air
intelligent, maigre et dur et qui parle avec une
grande douceur.*

L'INQUISITEUR

Écoute bien ce que je vais te demander, Jeanne.
Te crois-tu en état de grâce en ce moment?

JEANNE, *toute claire,* demande.

A quel moment, Messire? On ne sait plus où on
en est. On mélange tout. Au commencement, quand
j'entends mes Voix, ou à la fin du procès, quand j'ai
compris que mon roi et mes compagnons aussi

m'abandonnaient, quand j'ai douté, quand j'ai abjuré et que je me suis reprise ?

L'INQUISITEUR

N'élude pas ma question. Te crois-tu en état de grâce ?

> *Il y a un silence chez tous les prêtres qui la regardent avidement ; ce doit être une question dangereuse.*

LADVENU, *se lève.*

Messire Inquisiteur, c'est une question redoutable pour une simple fille qui croit sincèrement que Dieu l'a distinguée. Je demande que sa réponse ne soit pas portée contre elle, elle risque inconsidérément...

L'INQUISITEUR

Silence, Frère Ladvenu ! Je demande ce que je juge bon de demander. Qu'elle réponde à ma question. Te crois-tu en état de grâce, Jeanne ?

JEANNE

Si je n'y suis, Dieu veuille m'y mettre ; si j'y suis, Dieu veuille m'y tenir.

> *Murmure des prêtres. L'Inquisiteur se rassoit impénétrable. Ladvenu lance gentiment :*

LADVENU

Bien répondu, Jeanne !

LE PROMOTEUR, *grommelle, vexé du succès de Jeanne.*

Et après ? Le diable est habile, ou il ne serait pas le diable. Et vous pensez qu'on lui a déjà posé la question. Je le connais. Il a ses réponses toutes prêtes.

WARWICK, *qui s'ennuie, soudain à Cauchon.*

Monseigneur, tout cela est sans doute très intéressant, quoique je m'y perde un peu moi aussi, comme cette jeune fille. Mais si nous allons de ce train, nous n'arriverons jamais au procès. Nous ne la brûlerons jamais. Qu'elle la joue, sa petite histoire, puisqu'il paraît que c'est nécessaire, mais vite. Et qu'on en arrive à l'essentiel. Le Gouvernement de Sa Majesté a le plus urgent besoin de déconsidérer ce petit pouilleux de roi Charles; de proclamer à la face du monde chrétien que son sacre ne fut qu'une mascarade, conduite par une sorcière, une hérétique, une aventurière, une fille à soldats...

CAUCHON

Monseigneur, nous ne la jugeons que comme hérétique...

WARWICK

Je le sais, mais moi, je suis obligé d'en remettre, pour mes troupes. Je crains que les attendus de votre jugement ne soient un peu trop distingués pour mes soldats. La propagande est une chose sommaire, Seigneur Évêque, apprenez-le. L'essentiel est de dire quelque chose de très gros et de le répéter souvent, c'est comme cela qu'on fait une vérité. Je vous dis là une idée neuve, mais je suis persuadé qu'elle fera son chemin... Pour moi, il est urgent de faire une rien du tout de cette fille... Qui qu'elle soit. Et ce qu'elle est, en réalité, n'a aucune espèce d'importance aux yeux du Gouvernement de Sa Majesté. Personnellement, je ne vous cacherai même pas qu'elle m'est plutôt sympathique avec sa façon de vous clouer le bec à tous et je trouve qu'elle monte bien, ce qui est rare pour une femme... C'est une fille avec qui, en d'autres circonstances et si elle eût été de mon monde, j'aurais eu plaisir à chasser le renard. Malheureusement, il y a eu ce sacre insolent, dont la première, elle a eu l'idée... Enfin, Monseigneur, quelle impudence! Aller se faire sacrer roi de France à notre barbe, un Valois? Venir nous faire ça à Reims, chez nous? Oser nous retirer la France de la bouche, piller impunément le patrimoine anglais? Fort heureusement Dieu est avec le droit anglais. Il l'a prouvé à Azincourt. Dieu et notre droit. Ce sont deux notions maintenant tout à fait confondues. D'ailleurs, c'est écrit sur nos armes. Alors dépêchez-vous de lui faire raconter sa petite affaire et brûlez-la, qu'on n'en parle plus. Je plaisantais tout à l'heure : dans dix ans tout le monde aura oublié cette histoire.

CAUCHON, *soupire.*

Dieu le veuille, Monseigneur!

WARWICK

Où en était-on?

LE PÈRE, *s'avance avec sa trique.*

On en était au moment où je la retrouve, rêvassant à Dieu sait qui, sous son Arbre aux Fées, la petite garce. Et ça va barder, je vous le jure!

Il se précipite vers Jeanne et la relève brutalement par le poignet.

Qu'est-ce que tu fais là? Dis? Tu vas me répondre qu'est-ce que tu fais là, que la soupe est servie et que ta mère s'inquiète?

JEANNE, *balbutie, honteuse d'être surprise,*
la main levée pour se protéger son visage
comme une petite fille.

Je ne savais pas qu'il était si tard. J'ai perdu la notion de l'heure.

LE PÈRE, *la secoue, hurlant.*

Ah! tu ne savais pas qu'il était si tard, petite teigne? Ah! tu perds la notion de l'heure maintenant? Dieu veuille que tu n'aies pas perdu autre chose que tu n'oses pas dire!...

Il la secoue abominablement.

Qui te l'a fait perdre, dis, qui te l'a fait perdre la notion de l'heure, dévergondée? Quand je suis arrivé, tu parlais, tu criais au revoir à quelqu'un. A quelqu'un que j'ai raté cette fois; je ne sais pas où il s'est sauvé, le bougre, mais il ne perd rien pour attendre, ce voyou-là! Avec qui parlais-tu? Réponds! ou je te bats comme plâtre...

JEANNE

Avec saint Michel.

LE PÈRE, *lui envoie une formidable gifle.*

Tiens! Ça t'apprendra à te moquer de ton père! Ah! tu as rendez-vous avec saint Michel, petite coureuse? Ah! tu restes le soir à lui parler sous les arbres pendant que toute ta famille s'inquiète et t'attend, mauvaise fille? Ah! tu veux commencer déjà le sabbat, comme les autres, au lieu d'aider ton père et ta mère et de te marier avec le garçon sérieux qu'ils t'auront choisi? Hé bien! ton prétendu saint Michel, je lui mettrai ma fourche dans le ventre, moi, et je te noierai de mes propres mains comme une sale chatte en chaleur que tu es!

JEANNE, *répondant calmement à l'orage d'insultes.*

Je n'ai rien fait de mal, mon père, et c'est vraiment Monseigneur saint Michel qui me parlait.

LE PÈRE

Et quand tu nous reviendras le ventre gonflé, ayant déshonoré le nom de ton père, tué ta mère de douleur, et forcé tes frères à s'engager dans l'armée pour fuir la honte au village — ce sera le Saint-Esprit, peut-être, qui aura fait le coup ! Je vais le dire au curé que, non contente de courir, tu blasphèmes. On te jettera, au pain et à l'eau, à moisir dans un cul de couvent !

JEANNE, *s'agenouille devant lui.*

Mon père, cessez de crier, vous ne pouvez pas m'entendre. Je vous jure par Notre-Seigneur que je dis vrai. Voilà déjà longtemps qu'ils viennent me voir et me demandent. C'est toujours à l'angélus de midi ou à l'angélus du soir ; c'est toujours quand je suis en prières, quand je suis la plus pure et la plus près de Dieu. Et cela ne peut pas ne pas être vrai. Saint Michel m'apparaît ; et sainte Marguerite et sainte Catherine. Ils me parlent, ils me répondent quand je les questionne et ils disent tous les trois pareil.

LE PÈRE, *la houspillant.*

Pourquoi te parlerait-il, saint Michel ? Pauvre idiote ! Est-ce qu'il me parle, à moi, qui suis ton père ? S'il avait quelque chose à nous dire, il me semble que c'est à moi, qui suis le chef de famille, qu'il se serait adressé. Est-ce qu'il parle à notre curé ?

JEANNE

Père, père, au lieu de cogner et de crier, essayez une fois de me comprendre. Je suis si seule, si

33

petite et c'est si lourd. Voilà trois ans que je résiste, trois ans qu'ils me disent toujours pareil. Je n'en peux plus de lutter toute seule avec ces voix que j'entends. Il va falloir que je le fasse maintenant.

LE PÈRE, *explose*.

Tu entends des voix maintenant? C'est un comble! Ma fille entend des voix! J'aurai travaillé pendant quarante ans, je me serai tué à élever chrétiennement mes enfants pour avoir une fille qui entend des voix!

JEANNE

Il va falloir maintenant que je leur dise oui, elles disent que cela ne peut plus attendre.

LE PÈRE

Qu'est-ce qui ne peut plus attendre, imbécile? Qu'est-ce qu'elles te disent de faire tes Voix? Ses Voix! Enfin! Il vaut mieux entendre ça que d'être sourd!

JEANNE

Elles me disent d'aller sauver le royaume de France qui est en grand danger de périr. Est-ce vrai?

LE PÈRE

Pardine! Bien sûr qu'il est en grand danger de périr, le royaume de France. On en sait quelque

34

chose, nous autres gens de l'Est, surtout dans ce coin où c'est plein de godons. Mais ce n'est pas la première fois et sans doute pas la dernière qu'il est en danger de périr, le royaume de France, et il s'en tire toujours. Laisse-le dans la main de Dieu. Qu'est-ce que tu veux y faire, pauvre fille? Même un homme, si c'est pas son métier de se battre, il n'y peut rien.

JEANNE

Moi, je peux. Mes Voix me le disent.

LE PÈRE, *ricane.*

Toi, tu peux? Tu es plus maligne que nos grands capitaines peut-être, qui ne peuvent plus que se faire piler à tous les coups, de nos jours?

JEANNE

Oui, mon père!

LE PÈRE, *la singeant.*

Oui, mon père! Tu n'es peut-être pas une coureuse, tu es pire. Tu es une folle. Et qu'est-ce que tu peux donc, pauvre idiote?

JEANNE

Ce que me disent mes Voix. Demander une escorte d'armes au Sire de Beaudricourt...

Entendant son nom, Beaudricourt fait un « Ah! » de satisfaction et veut s'avancer... On lui chuchote : « Mais non, mais non, tout à l'heure »... et on le fait rentrer dans le rang.

... et quand j'aurai mon escorte, aller jusqu'au dauphin à Chinon, lui dire qu'il est le vrai roi, l'emmener à la tête de ses soldats délivrer Orléans, le faire sacrer à Reims par Monseigneur l'Archevêque avec les Saintes Huiles et jeter les Anglais à la mer...

LE PÈRE, *qui a tout compris.*

Ah! tu t'expliques, enfin, sale fille! C'est aller avec les soldats que tu veux comme la dernière des dernières ?

JEANNE, *sourit mystérieusement.*

Non, père. Comme la première, en avant, au milieu des flèches, et sans jamais regarder en arrière, mes Voix me l'ont dit, jusqu'à ce que j'aie sauvé la France.

Elle ajoute, soudain triste :

Après, il arrivera ce que Dieu voudra.

LE PÈRE, *hors de lui à cette perspective.*

Sauver la France ? Sauver la France ? Et qui gardera mes vaches pendant ce temps-là ? Tu crois que je t'ai élevée, moi, que j'ai fait tous les sacrifices que j'ai faits pour toi, pour que tu t'en ailles faire la fête avec des soldats, sous prétexte de sauver la France, maintenant que tu as enfin atteint

36

l'âge de te rendre utile à la ferme? Tiens! Je vais te l'apprendre, moi, à sauver la France!

Il lui saute dessus et la roue sauvagement de gifles et de coups de pied.

JEANNE, *crie, piétinée.*

Arrêtez, père, arrêtez! Arrêtez!

Le père a détaché son ceinturon et commence à la fouetter, ahanant sous l'effort.

LADVENU, *s'est levé, tout blême.*

Arrêtez-le, voyons! Il lui fait mal!

CAUCHON, *doucement.*

Nous n'y pouvons rien, Frère Ladvenu. Nous ne connaîtrons Jeanne qu'au procès. Nous ne pouvons que jouer nos rôles, chacun le sien, bon ou mauvais, tel qu'il est écrit, et à son tour.

Il ajoute :

Et nous lui ferons encore bien plus mal tout à l'heure, vous le savez.

Il se retourne vers Warwick.

Désagréable, n'est-ce pas, cette petite scène de famille?

WARWICK, *a un geste.*

Pourquoi? en Angleterre aussi nous sommes fermement partisans des châtiments corporels pour les enfants, cela forme le caractère. J'ai moi-même été rossé à mort, je m'en porte fort bien.

LE PÈRE, *qui s'est arrêté enfin, épuisé,*
essuyant la sueur de son front, crie à
Jeanne évanouie à ses pieds.

Là! charogne! Tu veux toujours la sauver, la France?

Il se retourne un peu gêné vers les autres.

Qu'auriez-vous fait, Messieurs, à ma place, si votre fille vous avait dit ça?

WARWICK, *détourne le regard de ce rustre*
et continue flegmatique.

Une seule chose me peine et me surprend. La carence de notre service de renseignements dans cette affaire. Nous aurions dû, dès le début, nous entendre avec cet homme-là.

CAUCHON, *sourit.*

Oui, mais on ne pouvait pas prévoir.

WARWICK

Un bon service de renseignements doit toujours tout prévoir. Une petite fille illuminée quelque part dans un village parle de sauver la France. Il faut le savoir tout de suite, s'entendre avec le père pour qu'il la boucle et étouffer l'affaire dans l'œuf. Pas la peine d'attendre qu'elle le fasse... Cela revient trop cher après...

Il se remet à respirer sa rose.

LA MÈRE, *s'est avancée.*

Tu l'as tuée ?

LE PÈRE

Pas cette fois. Mais la prochaine fois qu'elle parle
d'aller avec des soldats, je la noie, ta fille, dans la
Meuse, tu entends ? de mes propres mains. Et si
je ne suis pas là, j'autorise ses frères à le faire à
ma place...

*Il s'en va à grands pas. La mère s'est penchée
sur Jeanne, elle lui éponge le visage.*

LA MÈRE

Jeanne, ma petite Jeanne... Jeannette !... Il t'a
fait mal ?

JEANNE, *d'abord effrayée, reconnaît sa mère,
elle a un pauvre petit sourire.*

Oui. Il a tapé dur.

LA MÈRE

Tu dois endurer en patience, c'est ton père.

JEANNE, *de sa petite voix.*

J'endure, maman. Et j'ai prié pour lui tout le
temps qu'il cognait. Pour que Notre-Seigneur lui
pardonne.

LA MÈRE, *choquée tout de même*.

Notre-Seigneur n'a pas à pardonner les pères qui tapent sur leur fille, Jeanne. C'est son droit.

JEANNE, *achève*.

Et pour qu'il comprenne...

LA MÈRE, *la caresse*.

Qu'il comprenne quoi, ma petite chèvre ? Pourquoi as-tu été lui raconter toutes ces bêtises ?

JEANNE, *crie angoissée*.

Il faut que quelqu'un comprenne, mère, ou toute seule je ne pourrai pas !

LA MÈRE, *la berce*.

Allons, allons, ne t'agite pas. Reste un peu contre moi comme lorsque tu étais petite... Qu'elle est grande !... Je ne peux même plus la tenir dans mes bras... Tu es quand même ma petite, tu sais, pareille à moi, qui m'a suivie si longtemps pendue à mon jupon dans la cuisine. Et je te donnais toujours une carotte à gratter ou un petit plat à essuyer pour que tu fasses tout comme moi... Tes frères ce n'était pas la même chose, c'étaient des hommes, comme ton père... Il ne faut pas essayer de leur faire comprendre aux hommes... Il faut dire oui et puis comme ils sont toujours aux champs, après, quand ils sont partis, on est maîtresse. Je ne devrais pas te dire tout ça, mais maintenant tu es une femme, tu es grande... Ton père est bon et juste, mais si je ne trichais pas un peu — pour son bien même — tu crois que je m'en tirerais?

Elle lui dit à l'oreille :

J'ai une petite gratte que je fais sur le ménage. Un sou par-ci, un sou par-là! Si tu veux, à la prochaine foire je t'achèterai un beau mouchoir brodé. Tu seras belle.

JEANNE

Ce n'est pas être belle que je veux, maman.

LA MÈRE

Moi aussi, j'ai été folle, moi aussi j'ai aimé un garçon avant ton père, il était beau, mais ce n'était pas possible, il est parti comme soldat, et tu vois, j'ai été heureuse tout de même. Qui c'est donc? N'aie pas de secrets pour ta mère. C'en est un dont tu ne peux même pas dire le nom? Il est du village tout de même? Peut-être que ton père accepterait, il n'est pas contre un bon mariage. On pourrait lui faire croire que c'est lui qui l'a choisi, petite sotte... Tu sais, les hommes, ils crient, ils commandent, ils cognent — mais on les mène par le nez.

JEANNE

Je ne veux pas me marier, mère. Monseigneur saint Michel m'a dit que je dois partir, prendre un habit d'homme et aller trouver notre Sire le Dauphin pour sauver le royaume de France.

41

LA MÈRE, *sévère*.

Jeanne, je te parle doucement, mais, à moi, je te défends de dire des bêtises! D'abord, je ne te laisserai jamais t'habiller en homme. Ma fille en homme! Je voudrais voir ça par exemple!

JEANNE

Mais, mère, il faudra bien pour aller à cheval au milieu des soldats! C'est Monseigneur saint Michel qui le commande.

LA MÈRE

Que Monseigneur saint Michel te le commande ou non, tu ne monteras jamais à cheval! Jeanne d'Arc à cheval! Eh bien, ça serait du joli dans le village!

JEANNE

Mais la demoiselle de Vaucouleurs monte bien pour chasser au faucon.

LA MÈRE

Tu ne monteras jamais à cheval! Ce n'est pas de ta condition. En voilà des idées de grandeur!

JEANNE

Mais si je ne monte pas à cheval, comment veux-tu que je mène les soldats?

Et tu n'iras jamais voir les soldats, mauvaise fille!
Pour ça j'aimerais mieux te voir morte. Tu vois,
je parle comme ton père. Il y a tout de même des
points sur lesquels nous sommes d'accord. Une fille
ça file, ça tisse, ça lave et ça reste à la maison. Ta
grand-mère n'a jamais bougé d'ici, moi non plus;
tu feras de même et quand tu auras une fille plus
tard, tu lui apprendras à faire pareil.

Elle éclate brusquement en sanglots bruyants.

T'en aller avec des soldats! Mais qu'est-ce que
j'ai fait au ciel pour avoir une fille pareille? Mais
enfin, tu veux donc me voir morte?

JEANNE, *se jette dans ses bras,*
sanglotante aussi et criant.

Non, maman!

Elle se redresse et clame encore en larmes,
tandis que la mère s'éloigne.

— Vous voyez, Monseigneur saint Michel, ce
n'est pas possible, ils ne comprendront jamais. Personne ne comprendra jamais. Il vaut mieux que je
renonce tout de suite. Notre-Seigneur a dit qu'il
fallait obéir à son père et à sa mère.

Elle répond avec la voix de l'Archange :

— Avant, Jeanne, il faut obéir à Dieu.

Elle demande :

— Mais si Dieu commande l'impossible?

— Alors, il faut tenter l'impossible tout tranquillement. Commence, Jeanne, Dieu ne te demande pas autre chose, après il pourvoira à tout. Et si tu crois qu'il t'abandonne, s'il laisse un obstacle insurmontable sur ton chemin, c'est pour t'aider encore, c'est parce qu'il te fait confiance. C'est parce qu'il pense : avec la petite Jeanne, je peux laisser cette montagne — je suis tellement occupé — elle s'écorchera les mains et les genoux jusqu'au sang, mais je la connais, elle passera. Chaque fois qu'il laisse une montagne sur ta route, il faut être très fière, Jeanne. C'est que Dieu se décharge sur toi...

Un petit temps, elle demande encore :

— Messire, croyez-vous que Notre-Seigneur puisse vouloir qu'on fasse pleurer son père et sa mère, qu'on les tue, peut-être, de peine, en partant. C'est difficile à comprendre.

— Il a dit : Je suis venu apporter non la paix, mais le glaive... Je suis venu pour que le frère se dresse contre son frère et le fils contre son père... Dieu est venu apporter la guerre, Jeanne. Dieu n'est pas venu pour arranger les choses, il est venu pour que tout soit plus difficile encore. Il ne demande pas l'impossible à tout le monde, mais à toi, il te le demande. Il ne pense pas que quelque chose soit trop difficile pour toi. Voilà tout.

Jeanne se redresse et répond, simplement :

— Bien, j'irai.

UNE VOIX, *venue on ne sait d'où,*
crie dans l'ombre dans le fond.

Orgueilleuse !

JEANNE, *s'est dressée inquiète, elle demande.*

Qui a dit orgueilleuse ?

Un petit temps, elle répond avec la voix de
l'Archange.

— C'est toi, Jeanne. Et dès que tu auras commencé ce que Dieu te demande, c'est le monde qui te le dira. Il va falloir que tu sois assez humble dans la main de Dieu pour accepter ce manteau d'orgueil.

— Ce sera lourd, Messire !

— Oui. Ce sera lourd. Dieu sait que tu es forte.

Un silence. Elle regarde droit devant elle et
soudain elle redevient une petite fille et s'exclame
joyeuse et décidée, se tapant sur la cuisse.

Bon. C'est décidé. C'est vu. J'irai trouver mon oncle Durand. Celui-là, j'en fais ce que je veux. Je le fais tourner en bourrique. Je l'embrasserai sur les deux joues, je lui monterai sur les genoux ; il me paiera un beau fichu tout neuf et il me conduira à Vaucouleurs !

LE FRÈRE, *se décrottant toujours le nez,*
s'est approché d'elle.

Idiote !... Pauvre idiote !... T'avais besoin d'aller raconter tout ça aux parents ?

Il se rapproche.

Si tu me donnes un sou pour m'acheter une chique, la prochaine fois, je ne le dirai pas que je t'ai vue avec ton amoureux.

JEANNE, *lui saute joyeusement dessus.*

Ah! c'est toi qui le leur as dit, vermine? Ah! c'est toi qui le leur as dit, petit cochon? Tiens! le voilà mon sou, tête de lard! la voilà ta chique, sale bête! Je t'apprendrai, moi, à rapporter!...

Ils se battent comme des chiffonniers, elle court après lui à travers les autres; la poursuite l'amène jusqu'au ventre de Beaudricourt qui a enfin occupé le milieu de la scène, poussé par les autres — il avait oublié que c'était à lui — elle fonce dans son gros ventre, la tête la première en courant.

BEAUDRICOURT, *crie, entrant.*

Quoi? Qu'est-ce qu'elle veut? Qu'est-ce qu'elle veut? Qu'est-ce que c'est que cette histoire de fous?

Il reçoit Jeanne dans le ventre, pousse un cri de douleur, la hisse par le bras jusqu'à son nez, congestionné de fureur.

Qu'est-ce que tu veux au juste, puceron, depuis trois jours que tu fais l'idiote à la porte du château à amuser mes sentinelles avec des contes à dormir debout?

JEANNE, *haletante d'avoir couru, dressée
sur la pointe des pieds au bout du bras du géant.*

Je voudrais un cheval, Messire, un habit d'homme
et une escorte, pour aller jusqu'à Chinon voir Monseigneur le Dauphin.

BEAUDRICOURT, *hors de lui.*

Et mon pied quelque part, tu ne le veux pas aussi ?

JEANNE, *sourit.*

Je veux bien, Messire, et aussi de bonnes gifles
— j'ai l'habitude avec mon père — pourvu
qu'après j'aie mon cheval.

BEAUDRICOURT, *la tenant toujours.*

Tu sais qui je suis et ce que je veux. Les filles
de ton village t'ont mise au courant ? Quand il y
en a une qui vient me demander quelque chose,
généralement la vie du petit frère ou de leur vieille
crapule de père qu'on a pris en train de braconner
un lièvre sur mes terres : si la fille est jolie, je fais
toujours décrocher la corde — j'ai bon cœur —
si elle est laide, je pends mon gaillard... pour l'exemple! Mais ce sont toujours les jolies qui viennent;
on se débrouille pour en trouver une, dans la famille
— et c'est pour ça que j'ai fini par me faire une réputation de bonté dans le pays. Donc, donnant donnant, tu connais le tarif.

JEANNE, *simplement.*

Je ne sais pas ce que vous voulez dire, Messire.
Moi, c'est Monseigneur saint Michel qui m'envoie...

BEAUDRICOURT, *se signe craintivement,*
de sa main restée libre.

Ne mêle pas les saints du paradis à ces histoires-
là, effrontée!... Le coup de saint Michel, c'est bon
pour les sentinelles, pour arriver jusqu'à moi. Tu
y es, devant moi. Et je ne dis pas que tu ne l'auras
pas ton cheval. Une vieille rosse pour une belle
fille toute neuve, c'est raisonnable comme marché.
Tu es pucelle?

JEANNE

Oui, Messire.

BEAUDRICOURT, *qui la regarde toujours.*

Va pour le cheval. Tu as de jolis yeux.

JEANNE, *doucement.*

C'est que je ne veux pas seulement un cheval
Messire.

BEAUDRICOURT, *sourit amusé.*

Tu es gourmande, toi! Continue, tu m'amuses...
Il n'y a que les imbéciles qui se croient volés en
donnant trop à une fille. Moi, j'aime bien qu'il
me coûte cher, mon plaisir. Ça me permet de me

48

figurer que j'en ai vraiment envie. Tu comprends ce que je veux dire ?

JEANNE, toute claire.

Non, Messire.

BEAUDRICOURT

Tant mieux. Je n'aime pas les raisonneuses au lit. Qu'est-ce que tu veux en plus du cheval ? La taille rentre bien cet automne, je me sens d'humeur à la dépense.

JEANNE

Une escorte d'hommes d'armes, Messire, pour m'accompagner à Chinon.

BEAUDRICOURT, la lâche, changeant de ton.

Écoute-moi bien. Je suis bonhomme. Mais je n'aime pas qu'on se moque de moi. Je suis le maître ici. Tu es tout au bord de ma patience. Je peux aussi bien te faire fouetter pour avoir forcé ma porte et te renvoyer chez toi sans rien du tout que des marques sur les fesses. Je t'ai dit que j'aimais bien que ça me coûte cher pour que ça me donne envie, mais si ça doit me coûter trop cher, c'est le phénomène contraire qui se produit — je n'ai soudain plus envie du tout. Qu'est-ce que tu veux aller faire à Chinon ?

JEANNE

Trouver Monseigneur le Dauphin.

49

Hé bien, tu as de l'ambition toi, au moins, pour une pucelle de village! Pourquoi pas le duc de Bourgogne tant que tu y es? Tu aurais au moins une chance de ce côté-là — théoriquement — c'est un chaud lapin, le duc... Parce que tu sais, le dauphin, pour ce qui est de la guerre et des femmes... Qu'est-ce que tu espères donc de lui?

JEANNE

Une armée, Messire, dont je prendrai la tête, pour aller délivrer Orléans.

BEAUDRICOURT, *la lâche soudain, soupçonneux.*

Si tu es folle, c'est autre chose. Je ne veux pas me fourrer dans une vilaine histoire...

Il va appeler au fond.

Holà! Boudousse!

Un garde s'avance.

BEAUDRICOURT

Fais-la doucher un peu et fourre-la en prison. Demain soir, tu la renverras chez son père. Mais pas de coups, je ne veux pas avoir d'ennuis : c'est une folle.

JEANNE, *tranquillement, tenue par le garde.*

Je veux bien aller en prison, Messire, mais je reviendrai demain soir quand on me relâchera. Alors vous feriez mieux de m'écouter tout de suite.

BEAUDRICOURT, *va à elle, hurlant,*
se tapant la poitrine comme un gorille.

Mais enfin, mille millions de tonnerres, je ne te
fais donc pas peur ?

JEANNE, *les yeux au fond des siens*
avec son petit sourire tranquille.

Non, Messire. Pas du tout.

BEAUDRICOURT, *s'arrête interloqué*
et hurle au garde.

Fous le camp, toi! Tu n'as pas besoin d'écouter
tout ça!

Le garde disparaît. Quand il est sorti, Beau-
dricourt demande, un peu inquiet.

Pourquoi est-ce que je ne te fais pas peur ? Je
fais peur à tout le monde pourtant.

JEANNE, *doucement.*

Parce que vous êtes très bon, Messire...

BEAUDRICOURT, *grommelle.*

Bon! Bon! ça dépend. Je t'ai dit le prix.

JEANNE, *achève.*

Et surtout très intelligent.

Elle ajoute :

Je vais avoir à convaincre beaucoup de monde,
pour faire tout ce que mes Voix m'ont demandé;

c'est une chance que le premier par qui je dois passer — et de qui tout dépend en somme — soit justement le plus intelligent.

> BEAUDRICOURT, *d'abord un peu interloqué,*
> *demande d'une voix négligente en se versant*
> *un gobelet de vin.*

Tu es une drôle de fille, c'est vrai. Pourquoi crois-tu que je suis très intelligent ?

> JEANNE

Parce que vous êtes très beau.

> BEAUDRICOURT, *avec un regard furtif*
> *à un petit miroir de métal, tout proche.*

Bah ! Il y a vingt ans, je ne dis pas ; je plaisais aux femmes... J'ai tâché de ne pas trop vieillir, voilà tout. Mais, c'est tout de même drôle d'avoir une conversation de cette portée avec une petite bergère de rien du tout, qui vous tombe un beau matin du ciel.

> *Il soupire.*

Au fond, je m'encroûte ici. Mes lieutenants sont des brutes, personne à qui parler... — Enfin, je serais curieux, puisque nous en sommes là, d'apprendre de ta bouche, quels rapports tu établis entre l'intelligence et la beauté. D'habitude, on dit que c'est le contraire, que les gens beaux sont toujours bêtes.

Ce sont les bossus ou les gens qui ont le nez trop long qui disent cela. Croient-ils donc que le bon Dieu n'a pas les moyens de réussir quelque chose de parfait, si cela lui plaît ?

BEAUDRICOURT, *rit*, *flatté*.

Évidemment, pris sous cet angle... Mais, tu vois, moi par exemple qui ne suis pas laid... Je me demande parfois si je suis très intelligent. Non, non, ne proteste pas. Il m'arrive de me poser la question... Je te confie cela, à toi, parce que tu n'as aucune espèce d'importance... mais pour mes lieutenants, bien entendu, je suis beaucoup plus intelligent qu'eux. Forcément, je suis capitaine. Si ce principe n'était pas admis, il n'y aurait plus d'armée possible. — Cependant... (je veux bien condescendre à bavarder de cela avec toi, l'insolite de notre situation, l'énorme différence sociale qui nous sépare rendent ces propos à bâtons rompus en quelque sorte inoffensifs)... cependant, il y a quelquefois des problèmes qui me dépassent. On me demande de décider quelque chose, du point de vue tactique ou administratif et, tout d'un coup, je ne sais pourquoi, il y a un trou. Le brouillard. Je ne comprends plus rien. Remarque que je ne perds pas la face. Je m'en tire avec un coup de gueule; et je prends tout de même une décision. L'essentiel, quand on a un commandement, c'est de prendre une décision, quelle qu'elle soit.

On s'effraie au début, puis, avec l'expérience, on s'aperçoit que cela revient à peu près au même... quoi qu'on décide. Pourtant, j'aimerais faire mieux. Tu sais, Vaucouleurs, c'est tout petit. J'aimerais un jour prendre une décision importante, une de ces décisions à l'échelle du pays... pas une histoire de taille qui ne rentre pas ou d'une demi-douzaine de déserteurs à faire pendre; quelque chose d'un peu exceptionnel, quelque chose qui me fasse remarquer en haut lieu...

Il s'arrête de rêver, la regarde.

Je me demande pourquoi je te dis tout ça à toi qui n'y peux rien et qui es peut-être à moitié folle, par-dessus le marché...

JEANNE, *sourit doucement.*

Moi, je sais pourquoi. On m'avait avertie. Écoute, Robert...

BEAUDRICOURT, *sursaute.*

Pourquoi m'appelles-tu par mon petit nom?

JEANNE

Parce que c'est celui que Notre-Seigneur t'a donné. Parce que c'est le tien. L'autre, il est aussi à ton frère et à ton père. Écoute, gentil Robert, et ne hurle pas encore, c'est inutile. C'est justement moi, ta décision à prendre, la décision qui te fera remarquer...

BEAUDRICOURT

Qu'est-ce que tu me chantes ?

JEANNE, *s'approche.*

Écoute, Robert. D'abord, ne pense plus que je suis une fille. Ça t'embrouille les idées... Bien sûr, Notre-Seigneur ne m'a pas faite laide, mais tu es comme tous les hommes, c'est l'occasion que tu ne voulais pas laisser passer... Tu aurais eu peur d'avoir l'air bête à tes yeux... Tu en retrouveras d'autres, va, des filles, vilain pourceau, si tu tiens absolument à pécher... Des filles qui te feront plus plaisir et qui te demanderont moins de choses... Moi, je ne te plais pas tellement.

Il hésite un peu, il a peur d'être dupe, elle se fâche soudain.

Robert, si tu veux que je t'aide, aide-moi aussi ! Chaque fois que je te dis la vérité, conviens-en et réponds-moi oui, sans ça nous n'en sortirons pas.

BEAUDRICOURT, *grommelle,*
le regard fuyant, un peu honteux.

Hé bien, non...

JEANNE, *sévère.*

Comment, non ?

BEAUDRICOURT

Je veux dire : oui... C'est vrai. Je n'ai pas tellement envie de toi...

Il ajoute, poli :

Remarque, tu es tout de même un beau brin de fille !

JEANNE, bon enfant.

C'est bon. C'est bon. Ne te donne pas tant de mal, mon gros Robert. Ça ne me vexe pas ; au contraire. Ce point éclairci, figure-toi que tu me l'as déjà donné mon habit d'homme, et ce que nous discutons tous les deux, comme deux braves garçons, avec bon sens et avec calme.

BEAUDRICOURT, encore méfiant.

Va toujours...

JEANNE, s'assoit sur le bord de la table,
vide le fond de son gobelet.

Mon gros Robert, ta décision, tu la tiens. Ton coup d'éclat, qui va te faire remarquer en haut lieu, c'est pour tout de suite... Considère où ils en sont, à Bourges. Ils ne savent plus à quel saint se vouer. L'Anglais est partout ; Bretagne et Anjou attendent pour voir qui payera le plus. Le duc de Bourgogne — qui joue au preux chevalier avec sa belle Toison d'Or toute neuve — leur tire tout de même dans les pattes et gratte doucement tous les paragraphes gênants sur les traités. On croyait qu'on pouvait au moins compter sur sa neutralité... Elle nous avait coûté assez cher. Aux dernières nouvelles, il parle de marier son fils à une princesse anglaise. Tu te rends compte ? L'armée française, tu sais ce que c'est. Des bons garçons çapables de donner de bonnes buffes et de bons torchons, mais découragés. Ils se sont mis dans la tête qu'il n'y avait plus rien à faire, que l'Anglais serait toujours le plus fort. Dunois le bâtard ; c'est un bon capitaine, intelligent, ce qui est rare dans l'armée, mais on ne l'écoute plus et tout cela commence à l'ennuyer. Il fait la fête avec ses ribaudes dans son camp (mais à cela aussi je mettrai bon ordre ; il ne perd rien pour attendre) et puis, il se sent trop grand Seigneur, comme tous les bâtards... Les affaires de la France, après tout, ce n'est pas ses oignons ; que ce gringalet de Charles se débrouille avec son patrimoine... La Hire, Xaintrailles, de bons taureaux furieux, ils veulent toujours attaquer, donner de formidables coups d'épée dont on parlera dans les chroniques ; c'est des champions de l'exploit individuel, mais ils ne savent pas se servir de leurs canons et ils se font toujours tuer, pour rien, comme à Azincourt. Ah ! pour se faire tuer, ils sont un peu là : tous volontaires !... Mais ça ne sert à rien du tout de se faire tuer. Tu comprends, mon petit Robert, la guerre, ce n'est pas une partie de balle au pied, ce n'est pas un tournoi ; il ne suffit pas de bien jouer de toutes ses forces, en respectant les lois de l'honneur... Il faut gagner. Il faut être malin.

Elle lui touche le front.

Il faut que ça travaille, là-dedans. Toi, qui es intelligent, tu le sais mieux que moi.

BEAUDRICOURT

Je l'ai toujours dit. On ne pense plus assez, de nos jours. Vois mes lieutenants : des brutes, toujours prêts à cogner, c'est tout. Mais ceux qui pensent, personne ne songe à les utiliser.

JEANNE

Personne. C'est pourquoi il faut qu'ils y pensent eux-mêmes, entre autres pensées. Or, justement, toi qui penses, un beau jour, tu as une idée. Une idée géniale et qui peut sauver tout.

BEAUDRICOURT, *inquiet*.

J'ai une idée?

JEANNE

Laisse venir. Tu es en train de l'avoir. Dans ta tête, où ça va vite et où ça se met en ordre tout de suite, tu fais le point en ce moment. Tu n'en as pas l'air, c'est ce qui est admirable en toi, mais tu fais le point. Tu es en train d'y voir clair. C'est malheureux à dire mais, en France, en ce moment, il n'y a que toi qui y vois clair!

BEAUDRICOURT

Tu crois?

Je te le dis.

Et qu'est-ce que je vois?

Tu vois qu'il faut leur donner une âme à ces gens-là, une foi, quelque chose de simple. Il y a justement dans ta capitainerie une petite à qui saint Michel est apparu et aussi sainte Catherine et sainte Marguerite, à ce qu'elle dit. Je t'arrête. Je sais ce que tu vas me dire : tu n'y crois pas. Mais tu passes là-dessus, provisoirement. — C'est là que tu es vraiment extraordinaire. Tu te dis : c'est une petite bergère de rien du tout, bon! Mais supposons qu'elle ait Dieu avec elle, rien ne peut plus l'arrêter. Et qu'elle ait Dieu avec elle ou non, c'est pile ou face. On ne peut pas le prouver, mais on ne peut pas non plus prouver le contraire... Or, elle est parvenue jusqu'à moi, malgré moi, et il y a déjà une demi-heure que je l'écoute — ça, tu ne le discutes pas, c'est un fait. Tu constates. Alors, tout d'un coup, il y a ton idée, ton idée qui commence à te venir. Tu te dis : puisqu'elle m'a convaincu, moi, pourquoi ne convaincrait-elle pas le dauphin et Dunois et l'Archevêque? Ce sont des hommes comme moi après tout — et (entre nous) plutôt moins intelligents que moi. Pourquoi ne convaincrait-elle pas nos soldats que, tout bien pesé, les Anglais, ils sont exactement faits comme eux, moitié courage et moitié envie de sauver sa peau et qu'il suffirait de leur taper fort dessus, et au bon moment, pour les faire décaniller d'Orléans ? De quoi ont-ils besoin, nos gars, après tout — que tu dis en ce moment même, avec ta tête qui voit plus clair que celle des autres — d'un étendard, de quelqu'un qui galvanise leurs énergies, qui leur prouve que Dieu est avec eux. Alors, c'est là que tu es admirable, tout d'un coup.

BEAUDRICOURT, *piteux*.

Tu crois ?

JEANNE

Admirable! c'est moi qui te le dis, Robert, mais je ne serai pas la seule. Tu verras dans quelque temps, tout le monde sera de cet avis — et réaliste, comme tous les grands politiques. Tu te dis : moi, Beaudricourt, je ne suis pas tellement sûr qu'elle soit l'envoyée de Dieu. Mais je fais semblant de le croire, je la leur envoie, moi, envoyée de Dieu ou pas, et si *eux* ils le croient, cela reviendra au même. J'ai justement mon courrier pour Bourges qui doit partir demain matin...

BEAUDRICOURT, *sidéré*.

Qui t'a dit ça ? C'est secret.

Je me suis renseignée.

Elle continue :

Je prends six solides garçons pour l'escorte, je lui donne un cheval et j'expédie la petite avec le courrier. A Chinon, telle que je la connais, elle se débrouillera.

Elle le regarde avec admiration.

Hé bien, tu sais, Robert !

BEAUDRICOURT

Quoi ?

JEANNE

Tu es rudement intelligent pour avoir pensé tout ça.

BEAUDRICOURT, *s'éponge le front, épuisé.*

Oui.

JEANNE, *ajoute gentiment.*

Seulement le cheval, donne-m'en un bien doux, parce que je ne sais pas encore monter.

BEAUDRICOURT, *rigolant.*

Tu vas te casser la gueule, ma fille...

JEANNE

Penses-tu ! Saint Michel me retiendra. Tiens, je te fais un pari, Robert. Je te parie un habit — l'habit

d'homme que tu ne m'as pas encore promis —
contre une bonne buffe sur le nez. Tu fais venir
deux chevaux dans la cour. On va faire un temps de
galop et si je tombe, tu ne me crois pas. C'est régu-
lier, ça?

> *Elle lui tend la main.*

Tope là! Cochon, qui s'en dédit?

BEAUDRICOURT, *se lève.*

Tope là! J'ai besoin de me remuer un peu. On
ne croirait pas, mais de penser, ça fatigue.

> *Il appelle :*

Boudousse!

> *Paraît le garde.*

LE GARDE, *désignant Jeanne.*

Je la fourre en prison?

BEAUDRICOURT

Non, imbécile! Tu lui fais donner une culotte
et tu nous amènes deux chevaux. Nous allons faire
un petit temps de galop tous les deux.

LE GARDE

Mais, et le Conseil? Il est quatre heures.

BEAUDRICOURT, *superbe.*

Demain! Aujourd'hui, j'ai assez pensé.

*Il sort. Jeanne passe devant le garde sidéré
et lui tire la langue ; ils se perdent parmi les
autres personnages dans l'ombre de la scène.*

WARWICK, *qui a suivi toute la scène,
amusé, à Cauchon.*

Évidemment, cette fille avait quelque chose ! J'ai
beaucoup apprécié cette façon de retourner cet
imbécile en lui faisant croire que c'était lui qui pen-
sait.

CAUCHON

Pour mon goût, je trouve la scène un peu grosse.
Il faudra tout de même qu'elle trouve mieux avec
Charles...

WARWICK

Seigneur Évêque, dans votre métier et dans le
mien, nos ficelles valent les siennes. Qu'est-ce que
gouverner le monde — avec la trique ou la houlette
de pasteur — sinon faire croire à des imbéciles qu'ils
pensent d'eux-mêmes, ce que nous leur faisons
penser ? Pas besoin de l'intervention de Dieu là-
dedans. C'est en cela que cette scène m'amuse.

Il s'incline poli, vers l'évêque.

A moins qu'on n'y soit professionnellement tenu,
comme vous ; bien entendu.

Il demande soudain :

Vous avez la foi, vous, Seigneur Évêque ? Excusez
ma brutalité. Mais nous sommes entre nous.

63

CAUCHON, *simplement.*

Une foi de petit enfant, Monseigneur. Et c'est pourquoi je vous donnerai du fil à retordre au cours de ce procès. C'est pourquoi mes assesseurs et moi-même nous nous efforcerons jusqu'au bout de sauver Jeanne. Quoique nous ayons été des collaborateurs sincères du régime anglais qui nous paraissait alors la seule solution raisonnable, dans le chaos. Notre honneur, notre pauvre honneur, aura été de faire pourtant l'impossible contre vous, en vivant de votre argent, et avec vos huit cents soldats à la porte du prétoire... Ils avaient beau jeu à Bourges, protégés par l'armée française, de nous traiter de vendus ! Nous, nous étions dans Rouen occupé.

WARWICK, *agacé.*

Je n'aime pas le mot « occupé ». Vous oubliez le traité de Troyes. Vous étiez sur les terres de Sa Majesté tout simplement.

CAUCHON

Entouré des soldats de Sa Majesté, des exécutions d'otages de Sa Majesté. Soumis au couvre-feu et au bon plaisir du ravitaillement de Sa Majesté. Nous étions des hommes, nous avions la faiblesse de vouloir vivre et de tenter de sauver Jeanne en même temps. C'était de toute façon un piètre rôle.

WARWICK, *sourit.*

Il ne tenait qu'à vous de le rendre plus brillant

et d'être des martyrs, mon cher. Mes huit cents soldats étaient prêts.

CAUCHON

Nous l'avons toujours su. Et ils avaient beau nous crier des insultes et taper de grands coups de crosse dans notre porte pour nous rappeler qu'ils étaient là; nous avons ergoté neuf mois avant de vous livrer Jeanne. Neuf mois pour faire dire « oui » à une petite fille abandonnée de tous. Ils auront beau nous traiter de barbares plus tard, je suis persuadé qu'avec tous leurs grands principes, ils se résigneront à être plus expéditifs. Dans tous les camps.

WARWICK

Neuf mois, c'est vrai. Quel accouchement, ce procès! Elle en met du temps, notre Sainte Mère l'Église, quand on lui demande d'enfanter un petit acte politique. Enfin le cauchemar est passé! La mère et l'enfant se portent bien.

CAUCHON

J'ai beaucoup réfléchi à tout cela Monseigneur. La santé de la mère, comme vous dites, nous préoccupait seule et nous avons de bonne foi sacrifié l'enfant quand nous avons cru comprendre qu'il n'y avait pas autre chose à faire. Dieu s'était tu depuis l'arrestation de Jeanne. Ni elle, quoi qu'elle en ait dit, ni nous bien sûr, ne l'entendions plus. Nous, nous avons continué avec notre routine; il fallait

65

défendre la vieille maison d'abord, cette grande et raisonnable construction humaine qui est en somme tout ce qui nous reste, dans le désert, les jours où Dieu s'absente... Depuis nos quinze ans, dans nos séminaires, on nous avait appris comment on la défend. Jeanne, qui n'avait pas notre solide formation et qui avait douté, j'en suis sûr, abandonnée des hommes et de Dieu, a continué elle aussi, se reprenant tout de suite après son unique faiblesse; avec ce curieux mélange d'humilité et d'insolence, de grandeur et de bon sens, jusqu'au bûcher inclusivement. Nous n'avons pas pu le comprendre alors, nous étions serrés dans les jupes de notre mère, nous bouchant les yeux, comme de vieux petits garçons. Mais c'est dans cette solitude, dans ce silence d'un Dieu disparu, dans ce dénuement et cette misère de bête, que l'homme qui continue à redresser la tête est bien grand. Grand tout seul.

WARWICK

Oui, sans doute. Mais, nous autres, hommes politiques, nous sommes obligés de nous efforcer de ne pas trop penser à cette grandeur de l'homme seul. Comme par un fait exprès, nous la rencontrons généralement chez les gens que nous faisons fusiller.

CAUCHON, *après un temps, ajoute sourdement.*

Je me dis parfois pour me consoler : que c'est bien beau tous ces vieux prêtres, que chacune de ses insolentes réponses offusquait, et qui ont tout de même essayé, pendant neuf mois, l'épée dans les reins, de ne pas commettre l'irréparable...

WARWICK

Pas de grands mots!... Rien n'est irréparable en politique. Je vous dis que nous lui élèverons une belle statue à Londres, le temps venu...

Il se tourne vers les gens de Chinon qui ont occupé le plateau, dressant avec les moyens du bord une petite mise en scène du palais, pendant qu'ils bavardaient.

Mais écoutons plutôt Chinon, Monseigneur. J'ai le plus profond mépris pour ce petit lâche de Charles, mais c'est un personnage qui m'a toujours amusé.

Charles est entouré des deux reines et d'Agnès Sorel. Les trois hauts hennins s'agitent autour de lui.

AGNÈS

Mais, Charles, c'est inadmissible! Tu ne peux pas me laisser paraître à ce bal fagotée comme ça... Ta maîtresse avec un hennin de la saison dernière! Tu penses bien que cela serait scandaleux!

LA REINE, *le retourne de son côté.*

Et ta reine, Charles! La reine de France! Qu'est-ce qu'on dirait?

CHARLES, *qui joue avec un bilboquet,*
affalé sur un trône.

On dirait que le roi de France n'a pas un sou.
Ce qui est exact.

LA REINE

Je les entends d'ici à la cour d'Angleterre! La
Bedford, la Gloucester, sans compter la maîtresse
du cardinal de Winchester! En voilà une qui est
bien habillée!

AGNÈS

Tu imagines, Charles, qu'elles ont nos hennins
avant nous? On ne s'habille bien qu'à Bourges,
c'est connu. Il faut voir comme elles seraient fagotées
là-bas, si elles n'envoyaient pas des émissaires
acheter nos derniers modèles pour les copier. Enfin,
tu es roi de France, tout de même! Comment peux-
tu tolérer cela?

CHARLES

D'abord, je ne suis pas roi de France. C'est un
bruit que je fais courir, il y a une nuance... Ensuite,
nos articles de mode, c'est tout ce que j'arrive à leur
vendre, aux Anglais. La mode de Bourges et notre
cuisine, c'est avec cela que nous avons encore quelque
prestige à l'étranger.

LA REINE YOLANDE

Ce prestige, le seul bien qui nous reste, ces petites
n'ont pas tout à fait tort Charles, il faut le défendre.

Il est indispensable, qu'à cette fête, on soit obligé de convenir que les dames de la cour de France étaient les mieux vêtues du monde. Souvenez-vous que personne n'a jamais pu dire où commençait exactement la futilité... Un nouveau hennin qu'elles n'ont pas là-bas, Agnès n'a pas entièrement tort, cela peut équivaloir à une victoire...

CHARLES, ricane.

Une victoire qui ne les empêchera pas de nous escamoter Orléans, belle-maman!... Remarquez qu'Orléans n'est pas à moi, il fait partie du fief de mon cousin; moi, personnellement, je suis tranquille, on ne peut plus rien me prendre, à part Bourges qui n'intéresse personne, je n'ai plus rien. Mais tout de même c'est le royaume!... Or, aux dernières nouvelles, Orléans est fichue... Et j'aurai beau contre-attaquer à coups de hennin...

AGNÈS

Tu ne te rends pas compte, Charles, comme cela peut être dangereux, un coup de hennin, dans l'œil d'une femme... Je te dis, moi, que la Bedford et la Gloucester — et surtout la maîtresse du cardinal qui se doit d'être la plus élégante étant donné sa position — en feront une maladie! Songe que nous lançons le hennin de douze pouces... avec des cornes! c'est-à-dire tout le contraire de la ligne du hennin actuel... Tu ne te rends pas compte, mon petit Charles, du bruit que vont faire ces deux cornes-là dans toutes les cours d'Europe... C'est une véritable révolution!

LA REINE, *s'exclame.*

Et le petit plissé derrière!

AGNÈS

Le petit plissé est un chef-d'œuvre!... C'est bien simple, elles ne vont plus en dormir, mon chéri. Et le cardinal, le Bedford et le Gloucester par contrecoup, je t'assure qu'ils n'auront plus une minute à eux pour penser à Orléans!

Elle ajoute, solennelle, pleine de sagesse :
Si tu as envie d'une victoire, Charles, en voilà une à ta portée et pour rien.

CHARLES, *grommelle.*

Pour rien, pour rien... Tu me fais rire! A combien m'as-tu dit qu'ils revenaient, ces hennins?

AGNÈS

Six mille francs chacun, mon chéri. C'est pour rien, étant donné qu'ils sont entièrement brodés de perles... Et les perles c'est un placement... Quand le hennin est démodé, tu peux toujours les revendre à un juif et avoir un peu d'argent pour tes troupes.

CHARLES, *sursaute.*

Six mille francs! Mais où veux-tu que je prenne six mille francs, pauvre idiote?...

LA REINE, *doucement.*

Douze mille francs, Charles, parce que nous sommes deux, ne l'oubliez pas. Vous ne voudriez tout de même pas que votre femme soit moins bien vêtue que votre maîtresse.

CHARLES, *lève les bras au ciel.*

Douze mille francs! Elles sont complètement folles!

AGNÈS

Remarque qu'il y a un modèle plus simple, mais je ne te le conseille pas. Tu raterais ton effet psychologique sur ces imbéciles d'Anglaises. Et en somme, c'est ça que tu cherches!

CHARLES

Douze mille francs! Vous rêvez, mes chattes. De quoi payer la moitié des hommes de Dunois à qui je dois six mois de solde. Je ne comprends pas que vous les encouragiez, belle-maman, vous qui êtes une femme de grand jugement.

LA REINE YOLANDE

C'est parce que je suis une femme de grand jugement que je les soutiens, Charles. M'avez-vous jamais trouvée contre vous quand il s'est agi de votre bien et de votre grandeur? Ai-je jamais fait preuve d'étroitesse d'esprit? Je suis la mère de votre reine et c'est moi qui vous ai présenté Agnès quand j'ai compris qu'elle pourrait vous faire du bien.

LA REINE, *un peu peinée.*

Je vous en prie, mère, ne vous en vantez pas!

LA REINE YOLANDE

Agnès est une fille charmante, ma fille, et qui se tient parfaitement à sa place. Et nous avions toutes les deux le plus urgent besoin que Charles se décide à devenir un homme. Et le royaume en avait encore plus besoin que nous. Un peu de hauteur, ma fille, vous pensez comme une petite bourgeoise en ce moment!... Pour que Charles devînt un homme, il lui fallait une femme...

LA REINE, *aigre.*

J'étais une femme, il me semble, et la sienne par-dessus le marché!

LA REINE YOLANDE

Je ne veux pas vous blesser, ma petite chèvre... mais si peu! Je vous en parle parce que j'ai été comme vous. De la droiture, de la tête — plus que vous — mais c'est tout. C'est pourquoi j'ai toujours toléré que le roi, votre père, ait des maîtresses. Soyez sa reine, tenez sa maison, faites-lui un dauphin, et pour le reste, déchargez-vous de la besogne. On ne peut pas tout faire. Et puis ce n'est pas un métier d'honnêtes femmes, l'amour. Nous le faisons mal... D'ailleurs, vous me remercierez plus tard, on dort si bien toute seule... Regardez comme Charles est plus viril depuis qu'il connaît Agnès! N'est-ce pas, Charles que vous êtes plus viril?

CHARLES

Hier, j'ai di` non à l'Archevêque. Il a essayé de me faire peur, il a envoyé La Trémouille gueuler un bon coup, il m'a menacé de me faire excommunier. Le grand jeu quoi!... J'ai tenu bon.

AGNÈS

Et grâce à qui?

CHARLES, *avec une petite caresse à sa cuisse.*

Grâce à Agnès! On avait répété toute la scène au lit.

LA REINE YOLANDE, *se rapproche.*

Qu'est-ce qu'il voulait l'Archevêque? Vous ne me l'avez pas redit?

CHARLES, *qui caresse toujours distraitement*
la cuisse d'Agnès debout près de lui.

Je ne sais plus. Donner Paris au duc de Bourgogne ou quelque chose comme cela, pour obtenir une trêve d'un an. Remarquez que c'était pratiquement sans importance. Il y est déjà à Paris, le duc. Mais il faut avoir des principes; Paris, c'est la France et la France est à moi. Enfin, je m'efforce de le croire. J'ai dit non. Il en faisait une tête, l'Arche-vêque, le duc avait dû lui promettre gros.

AGNÈS

Et qu'est-ce qui se serait passé si tu avais dit oui, malgré moi, petit Charles ?

CHARLES

Tu aurais eu la migraine ou mal au ventre pen-dant huit jours, sale fille ! Et je peux à la rigueur me passer de Paris, mais pas de toi...

AGNÈS

Alors, mon chéri, puisque je t'ai aidé à sauver Paris, tu peux bien me le payer, ce hennin, et un aussi pour ta petite reine, à qui tu viens de dire des choses très désagréables sans t'en rendre compte, comme toujours, vilain garçon... Tu ne veux tout de même pas que je sois malade pendant huit jours ? Tu t'ennuierais trop...

CHARLES, vaincu.

C'est bon, commandez-les, vos hennins... Si ce n'est pas à l'Archevêque, c'est à vous qu'il faut dire oui, c'est toujours la même comédie... Mais je vous avertis que je ne sais pas du tout comment je les payerai.

AGNÈS

Tu signeras un bon sur le Trésor, petit Charles, et on verra plus tard. Venez, ma petite Majesté, nous allons les essayer ensemble. Préférez-vous le rose ou le vert ? Je crois qu'à votre teint, c'est le rose qui ira le mieux...

CHARLES, *sursaute.*

Comment ? Ils sont déjà là ?

AGNÈS

Tu n'y entends rien, mon chéri! Tu penses bien que pour les avoir pour la fête, il a fallu les commander il y a un mois. Mais on était sûres que tu dirais oui, n'est-ce pas, Majesté? Tu vas voir la tête qu'elles vont faire à Londres! C'est une grande victoire pour la France, tu sais, Charles!

Elles se sont sauvées avec des baisers.

CHARLES, *se remet sur son trône, sifflotant.*

Ils me font rire avec leurs victoires! La Trémouille, Dunois, c'est pareil! Ça va toujours être une grande victoire; mais tout s'achète de nos jours, les grandes victoires comme le reste. Et si je n'ai pas assez d'argent, moi, pour m'offrir une grande victoire? si c'est au-dessus de mes moyens, la France?

Il prend son écritoire en grommelant.

Enfin, on verra bien! Je vais toujours signer un bon sur le Trésor! Espérons que le marchand s'en contentera. Le Trésor est vide, mais rien ne l'indique sur le papier.

Il se retourne vers la Reine Yolande.

Vous n'en voulez pas un, hennin, vous aussi,
tant que j'y suis ? Ne vous gênez pas. De toute
façon, ma signature ne vaut rien.

LA REINE YOLANDE, *se rapproche.*

J'ai renoncé aux hennins, Charles, à mon âge.
Je veux autre chose.

CHARLES, *lassé.*

Faire de moi un grand roi, je sais ! C'est fatigant
à la longue tous ces gens qui veulent faire de moi
un grand roi. Même Agnès ! même au lit ! vous
pensez comme c'est drôle... Ah ! vous l'avez bien
dressée ! Quand comprendrez-vous, tous, que je ne
suis qu'un pauvre petit Valois de rien du tout et
qu'il faudrait un miracle ? C'est entendu, mon
grand-père Charles a été un grand roi ; mais il vivait
avant la guerre où tout était beaucoup moins cher.
Et d'ailleurs, lui, il était riche... Mon père et ma
mère ont tout mangé ; il y a eu je ne sais combien
de dévaluations en France, et je n'ai plus les
moyens d'être un grand roi, moi, voilà tout ! Je fais
ce que je peux (pour faire plaisir à cette petite
putain d'Agnès dont je ne peux pas me passer).
Mais entre nous, ce n'est pas seulement les moyens
qui me manquent, c'est le courage. C'est trop
fatigant le courage et trop dangereux dans ce monde
de brutes où nous vivons. Vous savez que ce gros
porc de La Trémouille a tiré l'épée de fureur

l'autre jour? Nous étions seuls, personne pour me défendre... C'est qu'il m'en aurait aussi bien fichu un coup, cette grande brute-là! Je n'ai eu que le temps de sauter derrière mon trône... Vous vous rendez compte où nous en sommes? Tirer l'épée devant le roi! J'aurais dû faire appeler le Connétable pour l'arrêter, malheureusement c'était lui, le Connétable, et je ne suis pas tellement sûr d'être le roi... C'est pour ça qu'ils me traitent tous comme ça; ils savent que je ne suis peut-être qu'un bâtard.

LA REINE YOLANDE, *doucement.*

C'est vous, et vous seul, qui le répétez tout le temps, Charles...

CHARLES

Quand je vois leurs gueules de fils légitimes à tous, c'est fou ce que je me sens bâtard! Qu'est-ce que c'est que cette époque où il faut être premier prix de gymnastique pour être quelqu'un? où il faut pouvoir brandir une épée de huit livres, se balader avec une armure de je ne sais combien sur le dos!... Quand on me la met, la mienne, je ne peux plus bouger. Je suis bien avancé! Et je n'aime pas les coups, moi. Ni en donner ni en recevoir.

> *Il tape soudain du pied comme un enfant.*

Et puis j'ai peur, là!

> *Il se retourne vers elle, hargneux.*

Qu'est-ce que vous voulez me demander encore qui est au-dessus de mes forces ?

LA REINE YOLANDE

De recevoir cette pucelle, Charles, qui nous arrive de Vaucouleurs. Elle se dit envoyée de Dieu. Elle dit qu'elle vient pour délivrer Orléans. Déjà dans le peuple, on ne parle plus que d'elle, on attend avec une immense espérance que vous acceptiez de la recevoir.

CHARLES

Alors, vous trouvez que je ne suis pas assez ridicule comme ça ? Donner audience à une petite illuminée de village ? Vraiment, belle-maman, pour une femme de bon sens, vous me décevez...

LA REINE YOLANDE

Je vous ai déjà donné Agnès, Charles, contre mes intérêts de mère, pour votre bien. Maintenant, je vous prie de prendre cette pucelle... Cette fille a quelque chose d'extraordinaire ou tout au moins tout le monde le croit, et c'est l'essentiel.

CHARLES, *ennuyé.*

Je n'aime pas les pucelles... Vous allez encore me dire que je ne suis pas assez viril, mais cela me fait peur... Et puis j'ai Agnès qui me plaît encore... Ce n'est pas pour vous faire un reproche, mais vous avez une drôle de vocation, belle-maman, pour une reine...

LA REINE YOLANDE, *sourit.*

Vous ne me comprenez pas, Charles. Ou vous faites semblant de ne pas me comprendre. C'est dans votre Conseil que je vous demande de prendre cette petite paysanne. Pas dans votre lit.

CHARLES

Alors là, malgré tout le respect que je vous dois, vous êtes complètement folle, belle-maman! Dans mon Conseil, avec l'Archevêque, et La Trémouille qui se croit sorti de la cuisse de Jupiter, une petite paysanne de rien du tout? Mais vous voulez donc qu'ils me crèvent les yeux?

LA REINE YOLANDE, *doucement.*

Je crois que vous avez tous besoin d'une paysanne, précisément, dans vos Conseils. Ce sont les grands qui gouvernent le royaume et c'est justice; Dieu l'a remis entre leurs mains... Mais, sans vouloir me mêler de juger les décisions de la Providence, je suis étonnée quelquefois qu'Elle ne leur ait pas donné en même temps, comme Elle l'a fait généreusement aux plus humbles de Ses créatures, meilleure mesure de simplicité et de bon sens.

CHARLES, *ironise.*

Et de courage!...

LA REINE YOLANDE, *doucement.*

Et de courage, Charles.

CHARLES

En somme, belle-maman, à ce que je crois comprendre, vous êtes pour confier le gouvernement
aux peuples ? A ces bons peuples qui ont toutes les
vertus ? Vous savez ce qu'il fait, ce bon peuple,
quand les circonstances le lui offrent, le pouvoir ?
Vous avez lu l'histoire des tyrans ?

LA REINE YOLANDE

Je ne connais rien de l'Histoire, Charles. De mon
temps, les filles de roi n'apprenaient qu'à filer;
comme les autres.

CHARLES

Eh bien, moi, je la connais, cette suite d'horreurs
et de cancans, et je m'amuse quelquefois à en imaginer le déroulement futur pendant que vous me
croyez occupé à jouer au bilboquet... On essaiera ce
que vous préconisez. On essaiera tout. Des hommes
du peuple deviendront les maîtres des royaumes,
pour quelques siècles — la durée du passage d'un
météore dans le ciel — et ce sera le temps des mas-
sacres et des plus monstrueuses erreurs. Et au jour
du jugement, quand on fera les additions, on s'aper-
cevra que le plus débauché, le plus capricieux de
ses princes aura coûté moins cher au monde, en fin

de compte, que l'un de ces hommes vertueux. Donnez-leur un gaillard à poigne, venu d'eux, qui les gouverne, et qui veuille les rendre heureux, coûte que coûte, mes Français, et vous verrez qu'ils finiront par le regretter, leur petit Charles, avec son indolence et son bilboquet... Moi, du moins, je n'ai pas d'idées générales sur l'organisation du bonheur. Ils ne se doutent pas encore combien c'est un détail inappréciable.

LA REINE YOLANDE

Vous devriez cesser de jouer avec ce bilboquet, Charles, et de vous asseoir à l'envers sur votre trône! Cela n'est pas royal!

CHARLES

Laissez-moi donc. Quand je rate mon coup, au moins c'est sur mon doigt ou sur mon nez que la boule retombe. Cela ne fait de mal à personne, qu'à moi. Que je prenne la boule d'une main et le bâton de l'autre, que je m'asseye droit sur mon trône, que je commence à me prendre au sérieux et chaque fois que je ferai une bêtise, c'est sur votre nez à tous que la boule retombera.

> *Entrent l'Archevêque et La Trémouille. Il leur crie, se tenant noblement sur son trône comme il l'a dit :*

Archevêque, Connétable, vous arrivez bien! Je suis en train de gouverner. Vous voyez, je me suis procuré le globe et la main de justice.

L'ARCHEVÊQUE, *prend son face-à-main.*

Mais c'est un bilboquet!

CHARLES

Aucune importance, Monseigneur : tout est symbole. Ce n'est pas à un prince de l'Église que je vais l'apprendre. Vous avez sollicité une audience, Monseigneur, que je vous voie soudain devant moi?

L'ARCHEVÊQUE

Ne plaisantons pas, Monsieur. Je sais qu'une fraction de l'opinion qui toujours s'agite et intrigue cherche à vous imposer de recevoir cette pucelle, dont tout le monde parle depuis quelque temps. Cela, Monseigneur, le Connétable et moi-même, nous sommes venus vous dire que nous ne l'admettrions jamais!

CHARLES, *à la Reine Yolande.*

Qu'est-ce que je vous disais? Messieurs, je prends note de vos bons conseils et je vous en remercie. J'aviserai de la suite à donner à cette affaire. Vous pouvez disposer, l'audience est terminée.

L'ARCHEVÊQUE

Encore une fois, Monseigneur, nous ne jouons pas!

CHARLES

Vous voyez, pour une fois que je parle en **roi**, tout le monde croit que je m'amuse.

Il se recouche sur son trône avec son bilboquet.

Alors laissez-moi donc m'amuser tranquillement...

L'ARCHEVÊQUE

La réputation miraculeuse de cette fille l'a déjà
précédée ici, Monseigneur. Un inexplicable engoue-
ment. Il paraît qu'ils parlent déjà d'elle et l'attendent, dans Orléans assiégée. La main de Dieu la
conduit... Dieu a décidé de sauver le royaume de
France par elle et de faire repasser la mer aux
Anglais, et autres balivernes; Dieu voudra que vous
la receviez en votre royale présence... rien ne peut
l'empêcher... Je ne sais pas ce qu'ils ont tous à
vouloir que Dieu se mêle de leurs affaires!... Et,
naturellement, elle fait des miracles, la petite garce,
c'est le contraire qui m'eût étonné. Un soldat l'a
traitée de je ne sais quoi comme elle arrivait à
Chinon. Elle lui a dit : « Tu as tort de jurer, toi
qui paraîtras bientôt devant ton Seigneur... » Une
heure plus tard, cet imbécile tombait par mégarde
dans le puits de la cour des communs et se noyait.
Ce faux pas d'un ivrogne a fait plus pour la réputation de cette fille qu'une grande victoire pour
Dunois. Tout le monde est unanime, du dernier
des valets de chiens aux plus grandes dames de votre
cour, comme je le vois : il n'y a plus qu'elle qui
peut nous sauver. C'est absurde.

*Charles s'est remis de travers sur son trône et
est occupé à jouer au bilboquet.*

Monseigneur, je traite devant vous d'une des plus graves affaires du royaume et vous jouez au bilboquet!

CHARLES

Monseigneur, il faut s'entendre. Ou vous voulez que je joue au bilboquet, ou vous voulez que je gouverne.

Il se dresse.

Voulez-vous que je gouverne?

L'ARCHEVÊQUE, *effrayé.*

On ne vous en demande pas tant! On voudrait seulement que vous reconnaissiez nos efforts...

CHARLES

Je les reconnais, je les apprécie et je les trouve complètement inutiles. Tout le monde a envie que je reçoive cette fille, n'est-ce pas?

L'ARCHEVÊQUE

Je n'ai pas dit cela, Monseigneur!

CHARLES

Moi, personnellement, je n'ai aucune curiosité, vous le savez. Les nouvelles têtes m'ennuient et on connaît toujours trop de gens... Et puis les envoyés de Dieu, il est rare que ce soient des rigolos. Mais je veux être un bon roi et contenter mes peuples.

Je verrai cette illuminée, ne serait-ce que pour la confondre. Vous lui avez parlé vous, Archevêque?

L'ARCHEVÊQUE, *hausse les épaules.*

J'ai autre chose à faire, Monseigneur, avec le poids des affaires du royaume sur mes épaules.

CHARLES

Bien. Moi, je n'ai rien d'autre à faire qu'à jouer au bilboquet. Je la verrai donc pour vous décharger de ce souci, et je vous promets de vous dire franchement mon impression. Vous pouvez me faire confiance Monseigneur. Vous me méprisez cordialement, vous n'avez aucune sorte d'estime pour moi, mais vous savez, du moins, que je suis un homme léger. Et ce défaut doit vous paraître en cette circonstance une qualité inappréciable. Tout ce qui se prend un peu au sérieux m'ennuie très vite. Je vais recevoir cette fille et si elle me donne envie de l'écouter me parler du salut du royaume — ce que personne n'a encore jamais réussi sans me faire bâiller — c'est qu'elle peut vraiment faire des miracles...

L'ARCHEVÊQUE, *grommelle.*

Une fille de paysan chez le roi!...

CHARLES, *simplement.*

Oh! vous savez, je reçois un peu tous les mondes chez moi... Je ne dis pas cela pour Monsieur de

La Trémouille qui sort directement de la cuisse de Jupiter... Mais vous-même, Monseigneur, je crois me souvenir qu'on m'a dit que vous étiez le petit-fils d'un marchand de vins... Loin de moi de vous en faire un reproche! Quoi de plus naturel? Vous êtes venu à la prêtrise par les burettes, en somme. Et moi, vous me l'avez assez répété : il n'est pas du tout sûr que je sois fils de roi. Alors, ne jouons pas au petit jeu des castes, nous nous rendrions tous ridicules... Venez, belle-maman. J'ai envie de lui faire une bonne farce à cette petite pucelle-là!... Nous allons déguiser un de mes pages avec un pourpoint royal, le moins troué; nous le mettrons sur le trône — où il aura sûrement meilleure mine que moi — et moi je me perdrai dans la foule... Le petit discours de l'envoyée de Dieu à un page!... Ce sera du dernier comique...

Ils sont sortis.

L'ARCHEVÊQUE, *à La Trémouille.*

On le laisse faire? Il prend cela en jouant comme le reste. Ça ne peut pas être très dangereux. Et puis le fait qu'il l'ait reçue calmera peut-être les esprits. Dans quinze jours, on se toquera d'une autre envoyée de Dieu et on aura oublié celle-là.

LA TRÉMOUILLE

Archevêque, je commande l'armée. Et tout ce que je peux vous dire, c'est que la médecine officielle a maintenant dit son dernier mot. Nous en

sommes aux rebouteux, aux guérisseurs, aux char-
latans... Enfin, à ce que vous appelez les envoyés de
Dieu. Qu'est-ce qu'on risque ?

L'ARCHEVÊQUE, *soucieux.*

Connétable, avec Dieu, on risque toujours tout.
S'Il nous a vraiment envoyé cette fille, s'Il se met
à s'occuper de nous, nous n'avons pas fini d'avoir
des ennuis. Nous sortirons de notre petit train-train,
nous gagnerons quatre ou cinq batailles et puis les
scandales et les complications commenceront. Une
vieille expérience d'homme de gouvernement et
d'homme d'Église m'a appris qu'il ne fallait jamais
attirer l'attention de Dieu. Il faut se faire tout
petits, Connétable, tout petits.

Les courtisans prennent place avec les reines,
un page occupe le trône tandis que Charles s'est
glissé dans la foule. L'Archevêque achève tout
bas :

D'autant plus qu'avec Dieu, ce qu'il y a de terrible, c'est qu'on ne sait jamais si ce n'est pas un
coup du diable... Enfin, par l'un ou par l'autre, les
dés sont jetés! La voilà!

Tout le monde s'est groupé autour du trône où
se tient le petit page ; Charles est dans la foule.
Jeanne entre toute seule, toute petite, toute grise,
dans son simple costume, au milieu des armures
et des hauts hennins... On s'écarte, lui frayant un
chemin jusqu'au trône. Elle va pour se proster-
ner, hésite, toute rouge, regardant le page...

LA REINE YOLANDE, *lui glisse à l'oreille.*

Il faut se prosterner, petite, devant le roi.

Jeanne se retourne vers elle, affolée, la regarde avec une expression presque douloureuse sur le visage, puis soudain elle regarde tous ces gens muets qui l'épient, et s'avance en silence dans la foule qui s'écarte. Elle va jusqu'à Charles qui essaie de l'éviter ; quand il voit qu'elle va l'atteindre, il se met presque à courir pour se faufiler derrière les autres, mais elle le suit, courant presque elle aussi, le traque dans un coin et tombe à ses genoux.

CHARLES, *gêné dans le silence.*

Qu'est-ce que vous me voulez, Mademoiselle ?

JEANNE

Gentil Dauphin, j'ai nom Jeanne la Pucelle. Le roi des Cieux vous fait dire par moi que vous serez sacré et couronné dans la ville de Reims et vous serez lieutenant du Roi des Cieux, qui est roi de France !

CHARLES, *gêné.*

Heu... Voilà qui est bien, Mademoiselle. Mais Reims est aux Anglais, que je sache. Comment y aller ?

JEANNE, *toujours à genoux.*

En les battant, gentil Dauphin — de force, bien

sûr! Nous commencerons par Orléans et après nous irons à Reims.

LA TRÉMOUILLE, *s'approche*.

Mais, petite folle, n'est-ce pas ce que cherchent à faire tous nos grands capitaines depuis des mois? Je suis leur chef, j'en sais quelque chose. Et ils n'y parviennent pas.

JEANNE, *s'est relevée*.

Moi, j'y parviendrai.

LA TRÉMOUILLE

Je voudrais bien savoir comment!

JEANNE

Avec l'aide de Notre-Seigneur Dieu qui m'envoie.

LA TRÉMOUILLE

Parce que Dieu, aux dernières nouvelles, a décidé de nous faire reprendre Orléans?

JEANNE

Oui, Messire, et de chasser les Anglais hors de France.

LA TRÉMOUILLE, *ricane*.

Voilà une bonne pensée! Mais il ne peut pas faire ses commissions lui-même? Il avait besoin de toi?

JEANNE

Oui, Messire.

L'ARCHEVÊQUE, *s'approche.*

Jeune fille...

> *Jeanne le voit, se prosterne et baise le bas de sa robe. Il lui donne sa bague, la relève d'un geste.*

Vous dites que Dieu veut délivrer le royaume de France. Si telle est sa volonté, il n'a pas besoin de gens d'armes...

JEANNE, *bien en face.*

Oh! Monseigneur, Dieu n'aime pas les fainéants. Il faudra que les gens d'armes bataillent un bon coup et puis, Lui, donnera la victoire.

CHARLES, *qui la regarde troublé, demande soudain.*

A quoi m'avez-vous reconnu? Je n'avais pas ma couronne...

JEANNE

Gentil Dauphin, ce petit rien du tout sur votre trône, avec votre couronne et votre pourpoint, c'était une bonne farce, mais on voyait bien que ce n'était qu'un petit rien du tout...

CHARLES

Vous vous trompez, Mademoiselle, c'est le fils d'un très grand seigneur...

Je ne sais pas qui sont les grands seigneurs... C'est tout de même un petit rien du tout auprès de vous qui êtes notre roi.

CHARLES, *troublé.*

Qui t'a dit que j'étais ton roi ? Moi non plus, je ne paie pas de mine...

JEANNE

Dieu, gentil Dauphin, qui vous a désigné depuis toujours, à travers votre père et votre grand-père et toute la suite des rois, pour être le lieutenant de Son royaume.

L'Archevêque et La Trémouille échangent un regard agacé. L'Archevêque s'avance.

L'ARCHEVÊQUE

Monseigneur, les réponses de cette fille sont en effet intéressantes et font preuve d'un certain bon sens. Mais dans une matière aussi délicate, il convient d'être circonspect, de s'entourer des plus sévères précautions. Une commission de sages docteurs devra longuement l'interroger et l'examiner... Nous statuerons alors, en Conseil, sur leur rapport et nous verrons s'il est opportun d'accorder à cette fille une audience plus longue. Il n'est pas nécessaire, aujourd'hui, qu'elle vous importune davantage. Je vais moi-même lui faire subir un premier interrogatoire. Venez, ma fille.

Non, par exemple!

Il arrête Jeanne.

Ne bougez pas, vous.

> *Il se retourne vers l'Archevêque, prenant la main de Jeanne pour se donner du courage.*

C'est moi qu'elle a reconnu. C'est à moi qu'elle s'est adressée. Je veux que vous me laissiez seul avec elle, tous.

Mais, Altesse, il n'est pas décent que de but en blanc... Le souci de votre sécurité même...

> CHARLES, *à ce mot, a un petit peu peur,*
> *mais il regarde Jeanne et se reprend.*

J'en suis seul juge.

Il récite.

A travers mon père, mon grand-père et cette longue suite de rois...

Il cligne de l'œil à Jeanne.

C'est bien ça?...

> *Il se retourne vers les autres, imperturbable.*

Sortez, Messieurs, le roi l'ordonne.

> *Tous s'inclinent et sortent. Charles garde son attitude noble un instant, puis soudain pouffe de rire.*

Ils sont sortis! Tu es une fille épatante! C'est bien la première fois que je me fais obéir...

Il la regarde soudain, inquiet.

Ce n'est pas vrai tout de même ce qu'il a tenté d'insinuer? Tu n'es pas venue pour me tuer? Tu n'as pas un couteau sous ta jupe?

Il la regarde, elle sourit, grave.

Non. Tu as une bonne bille. Au milieu de tous ces forbans, de ma cour, j'avais fini par oublier ce que c'était, une bonne bille... Vous êtes beaucoup à avoir une bonne tête comme ça, dans mon royaume?

JEANNE, *sourit toujours, grave.*

Plein, Sire.

CHARLES

Seulement, je ne vous vois jamais... Des brutes, des prêtres ou des putains — voilà tout ce qui m'entoure...

Il se reprend.

Il y a ma petite reine qui est bien gentille, mais elle est bête...

Il se remet sur son trône, les pieds sur l'accoudoir, et soupire.

Bon. Maintenant, tu vas commencer à m'ennuyer. Tu vas commencer à me dire qu'il faut que je sois un grand roi, toi aussi...

JEANNE, *doucement.*

Oui, Charles.

CHARLES, *il se relève, il a une idée.*

Écoute, il va falloir que nous restions enfermés ensemble au moins une heure pour les impressionner... Si tu me parles de Dieu et du royaume de France pendant une heure je ne tiendrai jamais... Je vais te faire une proposition. On va parler de tout autre chose pendant ce temps-là.

Il demande soudain :

Tu sais jouer aux cartes ?

JEANNE, *ouvre de grands yeux.*

Je ne sais pas ce que c'est.

CHARLES

C'est un jeu très amusant qu'on a inventé pour papa ; pour le distraire pendant sa maladie. Tu vas voir, je vais t'apprendre. Moi c'est arrivé à m'ennuyer comme le reste depuis le temps que j'y joue, mais toi qui n'as pas encore l'habitude, cela va sûrement t'amuser beaucoup.

Il va fourrager dans un coffre.

J'espère qu'ils ne me l'ont pas volé. On me vole tout ici. Et, tu sais, cela vaut très cher un jeu de cartes. Il n'y a que les très grands princes qui en ont. Moi, c'est un reste de papa. Je n'aurai jamais assez d'argent pour m'en acheter un autre... Si ces cochons-là me l'ont volé... Non, le voilà.

Il revient avec les cartes.

Tu sais qu'il était fou, papa? Il y a des jours où je voudrais bien être son fils pour être sûr que je suis le vrai roi... Il y a des jours où je me dis qu'il vaudrait mieux que je sois un bâtard, pour ne pas craindre de devenir fou comme lui vers la trentaine.

JEANNE, *doucement.*

Et entre les deux, qu'est-ce que tu préférerais, Charles?

CHARLES, *se retourne surpris.*

Tiens, tu me tutoies? On en voit de si drôles aujourd'hui! C'est un jour très amusant. J'ai l'impression que je ne vais pas m'ennuyer aujourd'hui; c'est merveilleux!

JEANNE

Tu ne t'ennuieras plus jamais maintenant, Charles.

CHARLES

Tu crois? Ce que je préfère, dis-tu? Hé bien, les jours où j'ai du courage, j'aime mieux risquer de devenir fou un jour et être le vrai roi. Et les jours où je n'ai pas de courage, j'aime mieux envoyer tout promener et me retirer avec mes quatre sous

95

quelque part à l'étranger et vivre tranquille. Tu connais Agnès?

JEANNE

Non.

CHARLES, *qui bat les cartes.*

C'est une jolie fille. Je ne m'ennuie pas trop avec elle non plus. Mais elle veut toujours que je lui achète des choses.

JEANNE, *demande, grave soudain.*

Et aujourd'hui, Charles, tu as du courage?

CHARLES

Aujourd'hui?...

Il cherche.

Oui, il me semble que j'ai un petit peu de courage aujourd'hui. Pas beaucoup, mais un petit peu. D'ailleurs, tu as vu comment j'ai envoyé promener l'Archevêque...

JEANNE

Hé bien, à partir d'aujourd'hui tu auras du courage tous les jours, Charles.

CHARLES, *se penche, intéressé.*

Tu as un truc?

JEANNE

Oui.

Tu es un peu sorcière ? Tu peux me le dire, à moi cela m'est égal. Et je te jure que je ne le répéterai pas. Les supplices, j'ai ça en horreur. Une fois, ils m'ont emmené voir brûler une hérétique. J'ai vomi toute la nuit.

JEANNE, *sourit.*

Non, Charles, je ne suis pas sorcière, mais j'ai tout de même un truc.

CHARLES

Tu ne me le vendrais pas, sans le dire aux autres ? Je ne suis pas très riche, mais je te ferai un bon sur le Trésor.

JEANNE

Je te le donnerai, Charles.

CHARLES, *méfiant.*

Pour rien ?

JEANNE

Oui.

CHARLES, *se ferme soudain.*

Alors, je me méfie. Ou bien ce n'est pas un bon truc, ou bien cela me coûtera trop cher. Les gens désintéressés, c'est toujours hors de prix...

Il bat les cartes.

Tu sais, j'ai pris l'habitude de faire l'imbécile pour qu'on me fiche la paix, mais j'en sais long. On ne me roule pas facilement.

JEANNE, doucement.

Tu en sais trop long, Charles.

CHARLES

Trop long ? On n'en sait jamais trop long.

JEANNE

Si. Quelquefois.

CHARLES

Il faut bien se défendre. Je voudrais t'y voir !... Si tu étais toute seule au milieu de ces brutes qui ne pensent qu'à vous donner un bon coup de dague au moment où vous vous y attendez le moins, et plutôt gringalet de nature, comme moi, tu n'aurais pas été longue à comprendre que le seul moyen de s'en tirer, c'est d'être beaucoup plus intelligent qu'eux. Je suis beaucoup plus intelligent qu'eux. C'est pourquoi je tiens tant bien que mal sur mon petit trône de Bourges.

JEANNE, met la main sur son bras.

Je serai là, maintenant, pour te défendre.

Tu crois ?

JEANNE

Oui. Et moi je suis forte. Je n'ai peur de rien.

CHARLES, *soupire.*

Tu en as de la chance !

Il dispose les cartes.

Mets-toi sur le coussin, je vais t'apprendre à jouer aux cartes.

JEANNE, *sourit, s'asseyant près du trône.*

Si tu veux. Après, moi, je t'apprendrai autre chose.

CHARLES

Quoi ?

JEANNE

A n'avoir peur de rien. Et à ne pas être trop intelligent.

CHARLES

Entendu. Tu vois les cartes ? On a peint des figures dessus. Il y a de tout, comme dans la vie : des valets, des reines, des rois... Sur les autres les petits cœurs, les petits piques, les petits trèfles, les petits carreaux ; c'est la troupe. On en a beaucoup, on peut en faire tuer tant qu'on veut. On distribue les cartes sans les regarder, le hasard t'en donne beaucoup de bonnes ou beaucoup de mauvaises et on livre bataille. Suivant leur valeur, les cartes peuvent se prendre les unes les autres. Quelle est la plus forte à ton avis ?

JEANNE

C'est le roi.

CHARLES

Oui. C'est une des plus fortes, mais il y a plus fort encore que les rois, ma fille, au jeu de cartes. Cette carte-là, ce grand cœur tout seul. Tu sais comment on l'appelle ?

JEANNE

Dieu, pardine, c'est lui qui commande les rois.

CHARLES, *agacé*.

Mais non, bougre d'obstinée ! Laisse Dieu cinq minutes tranquille ! On joue aux cartes en ce moment. C'est l'as.

JEANNE

Quoi, l'as ? C'est idiot ton jeu de cartes. Qu'est-ce qui peut être plus fort que les rois, sinon Dieu ?

CHARLES

L'as précisément. L'as, c'est Dieu si tu veux, mais

dans chaque camp. Tu vois, as de cœur, as de pique, as de trèfle, as de carreau. Il y en a un pour chacun. On n'en sait pas long, à ce que je vois, dans ton village ! Tu crois donc que les Anglais, ils ne font pas leurs prières aussi bien que nous ? Tu crois donc qu'ils n'ont pas Dieu, eux aussi, qui les protège et qui les fait vaincre ? Et mon cousin, le duc de Bourgogne, il a son petit Dieu pour la Bourgogne, tout pareil, un petit Dieu très entreprenant et très malin qui lui tire toujours son épingle du jeu. Dieu est avec tout le monde, ma fille. C'est l'arbitre et il marque les points. Et, en fin de compte, il est toujours avec ceux qui ont beaucoup d'argent et de grosses armées. Pourquoi voudrais-tu que Dieu soit avec la France, maintenant qu'elle n'a plus rien du tout ?

JEANNE, *doucement.*

Peut-être parce qu'elle n'a plus rien du tout, Charles.

CHARLES, *hausse les épaules.*

Tu ne le connais pas !

JEANNE

Si, Charles, mieux que toi. Dieu n'est pas avec ceux qui sont les plus forts. Il est avec ceux qui ont le plus de courage. Il y a une nuance. Dieu n'aime pas ceux qui ont peur.

Alors, il ne m'aime pas. Et s'il ne m'aime pas, pourquoi veux-tu que je l'aime ? Il n'avait qu'à m'en donner du courage. Je ne demandais pas mieux, moi !

JEANNE, *sévère.*

Tu crois donc que c'est ta nourrice et qu'Il n'a que toi à s'occuper ? Tu ne pourrais pas essayer de te débrouiller un peu toi-même avec ce que tu as ? Il ne t'a pas donné de très gros bras, c'est vrai, comme à Monsieur de La Trémouille, et Il t'a fait de trop longues jambes, toutes maigres...

CHARLES

Tu as remarqué ? Pour ça, il aurait pu faire mieux. Surtout avec la mode actuelle. Tu sais que c'est à cause de mes jambes qu'Agnès ne m'aimera jamais ? Si, au moins, il avait eu le compas dans l'œil, s'il ne m'avait pas donné de gros genoux en même temps...

JEANNE

Je te l'accorde. Il n'a pas fait grands frais pour tes genoux. Seulement, Il t'a donné autre chose, dans ta vilaine caboche de vilain garçon. La petite étincelle, qui est ce qui Lui ressemble le plus. Tu peux en faire un bon ou un mauvais usage, Charles, pour cela, Il te laisse libre, Dieu.

Tu peux t'en servir pour jouer aux cartes et pour continuer à rouler l'Archevêque à la petite semaine... ou bien pour bâtir ta maison et refaire ton royaume que tout le monde t'a pris. Tu as un fils, Charles, avec ta petite reine. Qu'est-ce que tu vas lui laisser à ce garçon lorsque tu mourras ? Ce tout petit morceau de France grignoté par les Anglais ? Tu n'as pas honte ? Lui aussi, il pourra dire quand il sera grand : Dieu ne s'est pas occupé de moi ! Mais ce sera toi, Charles, qui ne te seras pas occupé de lui. C'est toi, Dieu, pour ton fils. C'est toi qui l'as en charge. Dieu t'a fait roi, Il t'a donné quelque chose de très lourd à porter. Ne te plains pas, c'est Sa meilleure façon de s'occuper d'un homme.

CHARLES, *gémit.*

Mais je vous dis que j'ai peur de tout !...

JEANNE, *se rapproche.*

Je vais t'apprendre, Charles. Je vais te le donner, mon truc. D'abord — ne le répète à personne surtout — moi aussi, j'ai peur de tout. Tu sais pourquoi il n'a peur de rien, Monsieur de La Trémouille ?

CHARLES

Parce qu'il est fort.

JEANNE

Non. Parce qu'il est bête. Parce qu'il n'imagine

jamais rien. Les sangliers non plus n'ont jamais peur, ni les taureaux. Pour moi, cela a été encore plus compliqué que pour toi de refaire ton royaume, de venir ici. Il a fallu que j'explique à mon père qui m'a battue, et qui a cru que je voulais devenir une ribaude à la traîne des soldats, et, toute proportion gardée, il cogne encore plus dur que les Anglais, tu sais, mon père! Il a fallu que je fasse pleurer ma mère, et cela aussi paraissait insurmontable, que je convainque le gros Beaudricourt qui criait tant qu'il pouvait et qui était plein de mauvaises pensées... Tu crois que je n'ai pas eu peur? J'ai eu peur tout le temps.

CHARLES

Et comment as-tu fait ?

JEANNE

Comme si je n'avais pas peur. Ce n'est pas plus difficile que cela, Charles. Tu n'as qu'à essayer une fois. Tu dis : « Bon, j'ai peur. Mais c'est mon affaire, ça ne regarde personne. Continuons. » Et tu continues. Et si tu vois quelque chose qui te paraît insurmontable, devant toi...

CHARLES

La Trémouille en train de gueuler...

JEANNE

Si tu veux. Ou les Anglais bien solides devant

Orléans dans leurs bonnes grosses bastilles. Tu dis :
« Bon, ils sont plus nombreux, ils ont de gros murs,
des canons, de grosses réserves de flèches, ils sont
toujours les plus forts. Soit. J'ai peur. Un bon
coup. Là. Voilà. Maintenant que j'ai eu bien peur,
allons-y! » Et les autres sont si étonnés que tu
n'aies pas peur que, du coup, ils se mettent à avoir
peur, eux, et tu passes! Tu passes, parce que comme
tu es le plus intelligent, que tu as plus d'imagination,
toi, tu as eu peur *avant*. Voilà tout le secret.

CHARLES

Mais tout de même, s'ils sont plus forts!

JEANNE

Cela ne sert pas à grand-chose d'être les plus
forts. Moi, une fois, j'ai vu un garçon de mon village, un petit braconnier, il était poursuivi par
deux molosses sur les terres du seigneur. Il s'est
arrêté, il les a attendus, et il les a étranglés, l'un
après l'autre.

CHARLES

Et il n'a pas été mordu ?

JEANNE

Pour ça, il a été mordu! Il n'y a pas de miracle.
Mais il les a étranglés tout de même. Et Dieu avait
pourtant fait les deux molosses beaucoup plus forts
que mon petit braconnier. Seulement, Il a donné

autre chose à l'homme qui le rend plus fort que les brutes. C'est pour ça que mon petit braconnier s'est arrêté de courir, qu'il a vidé toute sa peur d'un coup et qu'il s'est dit : « Bon. Maintenant, j'ai eu assez peur. Je m'arrête et je les étrangle. »

CHARLES

C'est tout ?

JEANNE

C'est tout.

CHARLES, *un peu déçu.*

Ce n'est pas sorcier.

JEANNE, *sourit.*

Non. Ce n'est pas sorcier. Mais ça suffit. Dieu ne demande rien d'extraordinaire aux hommes. Seulement d'avoir confiance en cette petite part d'eux-mêmes, qui est Lui. Seulement de prendre un peu de hauteur. Après Il se charge du reste.

CHARLES, *rêveur.*

Et c'est un truc qui réussit toujours, tu crois ?

JEANNE

Toujours. Bien sûr, il faut être avisé aussi, mais cela tu ne l'es que trop ! Mon petit braconnier, il a saisi le moment où les deux molosses s'étaient séparés l'un de l'autre à cause d'un lièvre pour pouvoir les expédier un par un. Mais surtout, c'est parce qu'à la minute où tu vides toute ta peur, et où tu t'arrêtes tout de même et que tu fais face, Dieu vient à toi.

Elle ajoute :

Seulement, tu sais comme Il est. Il veut qu'on fasse le premier pas.

CHARLES, *après un silence.*

Tu crois qu'on l'essaie, ton truc.

JEANNE

Bien sûr qu'on l'essaie. Il faut toujours essayer.

CHARLES, *effrayé soudain de son audace.*

Demain, que j'aie le temps de me préparer...

JEANNE

Non. Tout de suite. Tu es fin prêt.

CHARLES

On appelle l'Archevêque et La Trémouille et on leur dit que je te confie le commandement de l'armée pour voir leur tête?

JEANNE

On les appelle.

CHARLES

J'ai peur, je crève de peur en ce moment.

Alors, le plus dur est fait. Ce qu'il ne faut pas, c'est qu'il te reste de la peur quand ils seront là. Tu as bien peur, tant que tu peux ?

CHARLES, *qui se tient le ventre.*

Je te crois.

JEANNE

Alors ça va. Tu as une énorme avance sur eux. Quand eux, ils vont se mettre à avoir peur, toi tu auras déjà fini. Le tout, c'est d'avoir peur le premier, et avant la bataille. Tu vas voir. Je les appelle.

Elle va appeler au fond :

Monseigneur l'Archevêque, Monsieur de La Trémouille! Monseigneur le Dauphin désire vous parler.

CHARLES, *crie, piétinant sur place, pris de panique.*

Ah! ce que j'ai peur! Ah! ce que j'ai peur!

JEANNE

Vas-y, Charles, de toutes tes forces!

CHARLES, *qui claque des dents.*

Je ne peux pas plus fort!

JEANNE

Alors, c'est gagné. Dieu te regarde, Il sourit et Il

se dit : « Tout de même, ce petit Charles, il a peur et il les appelle. » Dans huit jours, nous tenons Orléans, fiston!

Entrent l'Archevêque et La Trémouille surpris.

L'ARCHEVÊQUE

Vous nous avez fait appeler, Altesse?

CHARLES, *soudain, après un dernier regard à Jeanne.*

Oui. J'ai pris une décision, Monseigneur. Une décision qui vous concerne aussi, Monsieur de La Trémouille. Je donne le commandement de mon armée royale à la Pucelle ici présente.

Il se met à crier soudain :

Si vous n'êtes pas d'accord, monsieur de La Trémouille, je vous prie de me rendre votre épée. Vous êtes arrêté!

La Trémouille et l'Archevêque s'arrêtent, pétrifiés.

JEANNE, *battant des mains.*

Bravo, petit Charles! Tu vois comme c'était simple! Regarde leurs têtes!... Non, mais regarde leurs têtes!... Ils meurent de peur!

Elle éclate de rire, Charles est pris de fou rire aussi, ils se tapent sur les cuisses tous deux, ne pouvant plus s'arrêter, devant l'Archevêque et La Trémouille changés en statues de sel.

JEANNE, *tombe soudain à genoux, criant.*

Merci, mon Dieu !

CHARLES, *leur crie, s'agenouillant aussi.*

A genoux, monsieur de La Trémouille, à genoux !
Et vous, Archevêque, donnez-nous votre bénédiction, et plus vite que ça ! Nous n'avons plus une
minute à perdre !... Maintenant que nous avons eu
tous bien peur, il faut que nous filions à Orléans !

*La Trémouille s'est agenouillé, abruti, sous le
coup. L'archevêque, ahuri, leur donne machina-
lement sa bénédiction* [1].

WARWICK, *éclate de rire au fond
et s'avance vers Cauchon.*

Évidemment, dans la réalité cela ne s'est pas
exactement passé comme ça. Il y a eu Conseil, on
a longuement discuté le pour et le contre et décidé
finalement de se servir de Jeanne comme d'une
sorte de porte-drapeau pour répondre au vœu
populaire. Une gentille petite mascotte, en somme,
bien faite pour séduire les gens simples et les décider à se faire tuer. Nous, nous avions beau donner,
avant chaque assaut, triple ration de gin à nos
hommes, cela ne leur faisait pas du tout le même

1. Les nécessités de la représentation ont obligé le metteur
en scène, à Paris, à faire ici un entracte. Le rideau tombe sur
le tableau vivant de la bénédiction ; quand il se relève sur la
seconde partie de la pièce, l'Archevêque est toujours en train
de bénir Charles et Jeanne, mais tous les autres acteurs sont
revenus sur scène autour d'eux et Warwick enchaîne.

effet. Et nous avons commencé à être battus de ce jour-là, contre toutes les lois de la stratégie. On a dit qu'il n'y avait pas de miracle de Jeanne, qu'autour d'Orléans notre réseau de bastilles isolées était absurde et qu'il suffisait d'attaquer — comme elle aurait simplement décidé l'état-major armagnac à le faire. C'est faux. Sir John Talbot n'était pas un imbécile, et il connaissait son métier, il l'a prouvé avant cette malheureuse affaire et depuis. Son réseau fortifié était théoriquement inattaquable. Non, ce qu'il y a eu en plus — ayons l'élégance d'en convenir — c'est l'impondérable. Dieu, si vous y tenez, Seigneur Évêque — ce que les états-majors ne prévoient jamais... C'est cette petite alouette chantant dans le ciel de France, au-dessus de la tête de leurs fantassins... Personnellement, Monseigneur, j'aime beaucoup la France. C'est pourquoi je ne me consolerais jamais, si nous la perdions. Ces deux notes claires, ce chant joyeux et absurde d'une petite alouette immobile dans le soleil pendant qu'on lui tire dessus, c'est tout elle.

Il ajoute :

Enfin, ce qu'elle a de mieux en elle... Car elle a aussi sa bonne mesure d'imbéciles, d'incapables et de crapules; mais de temps en temps, il y a une alouette dans son ciel qui les efface. J'aime bien la France.

CAUCHON, *doucement.*

Pourtant, vous lui tirez dessus...

L'homme est fait de contradictions, Seigneur Évêque. Il est très fréquent de tuer ce qu'on aime. J'adore les bêtes aussi, et je suis chasseur.

> *Il se lève soudain, dur. D'un coup de stick sur ses bottes, il fait signe à deux soldats qui s'avancent.*

Allez! la petite alouette est prise. Le piège de Compiègne s'est refermé. La page éclatante est jouée. Charles et sa cour vont abandonner, sans un regard, la petite mascotte qui ne semble plus leur porter bonheur et revenir à la bonne vieille politique...

> *En effet, Charles, La Trémouille et l'Archevêque se sont levés sournois et se sont éloignés de Jeanne qui prie toujours à genoux.*
>
> *Elle s'est dressée étonnée d'être seule et de voir Charles s'éloigner, l'air faux. Le garde l'entraîne.*

CAUCHON, *lui crie, soulignant le jeu de scène.*

Ton roi t'abandonne, Jeanne! Pourquoi t'obstiner à le défendre? On t'a lu hier la lettre qu'il a envoyée à toutes ses bonnes villes, te désavouant.

JEANNE, *après un silence, doucement.*

C'est mon roi.

CHARLES, *bas, à l'Archevêque.*

Ils n'ont pas fini de nous la reprocher, cette lettre!

Nécessaire, Sire, elle était nécessaire. Dans les conjonctures présentes la cause de la France ne pouvait plus, en aucune façon, être liée à celle de Jeanne.

CAUCHON

Jeanne, écoute-moi bien et essaie de me comprendre. Ton roi n'est point notre roi. Un traité en bonne et due forme fait de notre Sire Henri VI de Lancastre le roi de France et d'Angleterre. Ce procès n'est pas placé sur le plan politique... Nous essayons simplement en ce moment, de toutes nos forces, de toute notre bonne foi, de ramener une brebis égarée dans le sein de notre Sainte Mère l'Église. Mais, tout de même, nous sommes des hommes, Jeanne, nous nous considérons comme les féaux sujets de Sa Majesté Henri, et notre amour de la France — qui est aussi grand, aussi sincère que le tien — nous l'a fait reconnaître comme son suzerain, pour qu'elle se relève de ses ruines, panse ses blessures et sorte enfin de cette épouvantable, de cette interminable guerre qui l'a saignée... La résistance vaine du clan armagnac, les ambitions ridicules de celui que tu appelles ton roi, à un trône qui n'est pas le sien, sont, pour nous, acte de rébellion et de terrorisme, contre une paix qui était presque assurée. Le fantoche que tu as servi n'est pas notre maître, comprends-le bien.

Dites toujours, vous n'y pouvez rien. C'est le roi que Dieu vous a donné. Tout maigrichon qu'il est, le pauvre, avec ses longues jambes et ses vilains gros genoux.

CHARLES, *bas, à l'Archevêque.*

Tout cela est très désagréable pour moi en fin de compte...

L'ARCHEVÊQUE, *l'entraînant, même jeu.*

Patience, Sire, ils vont expédier le procès et la brûler, et après nous serons tranquilles. D'ailleurs, convenez qu'il nous ont plutôt rendu service, les Anglais, en se chargeant de l'arrêter et de la mettre à mort. Si ce n'avait pas été eux, il aurait fallu que ce soit nous qui le fassions un jour ou l'autre. Elle devenait impossible!

Ils sont sortis. Ils reviendront plus tard se mêler à la foule sans qu'on s'en aperçoive.

CAUCHON, *reprend.*

Tu n'es pourtant pas sotte, Jeanne. Maintes de tes insolentes réponses nous l'ont prouvé. Mets-toi un instant à notre place. Comment veux-tu qu'en tant qu'hommes, au plus profond de notre conviction humaine, nous admettions que c'est Dieu qui t'a envoyée contre la cause que nous défendons? Comment veux-tu que nous admettions, uniquement parce que tu nous assures avoir entendu des voix que Dieu s'est mis contre nous?

JEANNE

Vous le verrez bien quand nous vous aurons tout à fait battus!

CAUCHON, *hausse les épaules.*

Tu me réponds comme une petite fille butée, volontairement. Si nous considérons maintenant la question en tant que prêtres, en tant que défenseurs de notre Sainte Mère l'Église, quelles meilleures raisons avons-nous d'ajouter foi à ce que tu dis? Crois-tu être la première à avoir entendu des voix?

JEANNE, *doucement.*

Non, sans doute.

CAUCHON

Ni la première ni la dernière. Jeanne. Maintenant crois-tu que si chaque fois qu'une petite fille dans son village est venue dire à son curé : j'ai vu telle sainte ou la Vierge Marie, j'ai entendu des voix qui m'ont dit de faire telle ou telle chose, son curé l'avait crue et laissée faire, l'Église serait encore debout?

JEANNE

Je ne sais pas.

Tu ne sais pas mais tu es pleine de bon sens, c'est pourquoi je m'efforce de t'amener à raisonner avec moi. Tu as été chef de guerre, Jeanne ?

JEANNE, *se redresse, fière.*

Oui, j'ai commandé à des centaines de bons garçons qui me suivaient et me croyaient !

CAUCHON

Tu as commandé. Si le matin d'une attaque, un de tes soldats avait entendu des voix lui persuadant d'attaquer par une autre porte que celle que tu avais choisie ou de ne pas attaquer du tout, qu'aurais-tu fait ?

JEANNE, *reste interdite un moment,*
puis soudain elle éclate de rire.

Seigneur Évêque, on voit bien que vous êtes prêtre ! Que vous ne les avez jamais vus de près nos troufions ! Ils cognent dur, ils boivent sec, oui, mais pour ce qui est d'entendre des voix...

CAUCHON

Une plaisanterie n'a jamais été une réponse, Jeanne... Mais ta réponse à ma question tu l'as faite avant de parler, pendant la seconde où tu t'es tue, désemparée. Hé bien, l'Église militante est une armée sur cette terre encore grouillante d'infidèles et de forces du mal. Elle doit obéissance à notre Saint Père le Pape et à ses évêques, comme on te devait obéissance à toi et à tes lieutenants. Et le soldat qui le matin de l'attaque vient dire qu'il a entendu des voix qui lui conseillaient de ne pas attaquer, dans toutes les armées du monde — y compris la tienne — on le fait taire. Et beaucoup plus brutalement que nous essayons de te raisonner.

JEANNE, *pelotonnée sur elle-même,*
sur la défensive.

Cognez dur, c'est votre droit. Moi, mon droit est de continuer à croire et de vous dire non.

CAUCHON

Ne t'enferme pas dans ton orgueil, Jeanne. Tu comprends bien que ni en tant qu'hommes ni en tant que prêtres, nous n'avons aucune raison valable de croire à l'origine divine de ta mission. Toi seule as une raison d'y croire — poussée sans doute par le démon qui veut te perdre — et, bien entendu, dans la mesure où cela leur a été utile, ceux qui se sont servis de toi. Encore que les plus intelligents d'entre eux, leur attitude devant ta capture et leur désaveu formel le prouvent, n'y aient jamais cru. Personne ne croit plus à toi, Jeanne, hormis le menu peuple, qui croit tout, qui en croira une autre demain. Tu es toute seule.

Jeanne ne répond pas, assise toute petite au milieu d'eux tous.

Et ne va pas croire non plus que ton obstination à nous résister, que ta force de caractère soient le signe que Dieu te soutient. Le diable aussi a la peau dure — et l'intelligence. Il a été un des anges les plus intelligents avant de se révolter.

JEANNE, *après un silence.*

Je ne suis pas intelligente, Messire. Je suis une pauvre fille de mon village, pareille aux autres. Mais quand quelque chose est noir, je ne peux pas dire que c'est blanc, voilà tout.

Un silence encore.

LE PROMOTEUR, *surgit derrière elle, soudain.*

A quel signe t'es-tu fait reconnaître de celui que tu appelles ton roi pour qu'il te confie son armée ?

JEANNE

Je vous ai dit qu'il n'y avait pas eu de signe.

LE PROMOTEUR

Tu lui as donné un morceau de ta mandragore pour le protéger.

JEANNE

Je ne sais pas ce que c'est qu'une mandragore.

LE PROMOTEUR

Philtre ou formule, ton secret a un nom et nous voulons le savoir. Qu'as-tu donné à ton prince à

Chinon pour qu'il reprenne soudain courage? Cela a-t-il un nom hébreu? Le diable parle toutes les langues, mais il affectionne l'hébreu.

JEANNE, *sourit.*

Non, Messire, cela a un nom français et vous venez vous-même de le dire. Je lui ai donné du courage, voilà tout.

CAUCHON

Et Dieu, ou enfin la puissance que tu crois être Dieu, n'est intervenu en rien, crois-tu?

JEANNE, *lumineuse.*

Je crois que Dieu intervient tout le temps, Seigneur Évêque. Quand une fille dit deux mots de bon sens et qu'on l'écoute, c'est que Dieu est là. Dieu est économe; quand deux sous de bons sens suffisent, Il ne va pas faire la dépense d'un miracle.

LADVENU, *doucement.*

Voilà une bonne et humble réponse, Monseigneur, et qui ne peut être retenue contre elle.

LE PROMOTEUR, *se dresse venimeux.*

Voire! Tu ne crois donc pas aux miracles tels qu'ils nous sont enseignés dans les Livres Saints? Tu nies ce qu'a fait Notre-Seigneur Jésus aux Noces de Cana, tu nies qu'Il ait ressuscité Lazare?

Non, Messire. Notre-Seigneur a fait sûrement tout cela, puisque c'est écrit dans Ses Livres. Il a changé l'eau en vin comme Il avait créé l'eau et le vin ; Il a renoué le fil de la vie de Lazare. Mais pour Lui, qui est le Maître de la vie et de la mort, ce ne devait rien être de plus extraordinaire que pour moi de filer une quenouille.

LE PROMOTEUR, *glapit.*

Écoutez-la. Écoutez-la. Elle dit qu'il n'y a pas de miracles !

JEANNE

Si, Messire. Il me semble seulement que les vrais miracles, ça ne doit pas être des tours de passe-passe ou de physique amusante. Les romanichels sur la place de mon village en faisaient aussi... Les vrais miracles, ceux qui font sourire Dieu de plaisir dans le Ciel, ce doit être ceux que les hommes font tout seuls, avec le courage et l'intelligence qu'Il leur a donnés.

CAUCHON

Tu mesures la gravité de tes paroles, Jeanne ? Tu es en train de nous dire tout tranquillement que le vrai miracle de Dieu sur cette terre, ce serait l'homme, pas autre chose. L'homme qui n'est que péché, erreur, maladresse, impuissance...

Oui, mais force et courage aussi et clarté au moment où il est le plus vilain. Je les ai vus, moi, à la guerre...

LADVENU

Monseigneur, Jeanne nous dit dans son langage maladroit des intuitions peut-être erronées mais sûrement naïves, de son cœur... Sa pensée en tout cas ne peut pas être assez ferme pour se mouler dans notre dialectique. Peut-être qu'en la pressant de questions, nous risquons de lui faire dire davantage ou autre chose que ce qu'elle veut dire...

CAUCHON

Frère Ladvenu, nous tâcherons d'apprécier la part de maladresse de ses réponses aussi honnêtement que possible. Mais notre devoir est de la questionner jusqu'au bout. Nous ne sommes pas tellement sûrs de n'avoir affaire *qu'à* Jeanne, ne l'oubliez pas. Ainsi, Jeanne, tu excuses l'homme ? Tu le crois l'un des plus grands miracles de Dieu, voire le seul ?

JEANNE

Oui, Messire.

LE PROMOTEUR, *glapit, hors de lui.*

Tu blasphèmes! L'homme est impureté, stupre, visions obscènes! L'homme se tord sur sa couche dans la nuit, en proie à toutes les obsessions de la bête...

JEANNE

Oui, Messire. Et il pèche, il est ignoble. Et puis soudain, on ne sait pas pourquoi (il aimait tant vivre et jouir, ce pourceau), il se jette à la tête d'un cheval emballé, en sortant d'une maison de débauche, pour sauver un petit enfant inconnu et les os brisés, meurt tranquille, lui qui s'était donné tant de mal pour organiser sa nuit de plaisir...

LE PROMOTEUR

Il meurt comme une bête dans le péché, damné, sans prêtre !

JEANNE

Non, Messire, tout luisant, tout propre, et Dieu l'attend en souriant. Car il a agi deux fois comme un homme, en faisant le mal et en faisant le bien. Et Dieu l'avait justement créé pour cette contradiction.

> *Un tumulte indigné de tous les prêtres lorsqu'elle dit cela.*
>
> *L'Inquisiteur les apaise d'un geste et se lève soudain.*

L'INQUISITEUR, de sa voix calme.

Jeanne. Je t'ai laissée parler tout au long de ce procès sans presque jamais t'interroger. Je voulais te laisser venir... Cela a été long... Le Promoteur voyait partout le diable, l'Évêque voyait partout l'orgueil d'une petite fille enivrée de sa réussite; derrière ton obstination tranquille, derrière ton petit front têtu, j'attendais qu'autre chose se montre... Et voici que tu viens maintenant... Je représente ici la Sainte Inquisition dont je suis le vicaire pour la France. Monseigneur l'Évêque t'a dit tout à l'heure, très humainement, que ses sentiments d'homme qui l'attachent à la cause anglaise, qu'il croit juste, se confondaient cependant avec ses sentiments de prêtre et d'évêque, chargé de défendre les intérêts de notre Mère l'Église. Moi, j'arrive du fond de l'Espagne; c'est la première fois qu'on m'envoie ici. J'ignore le clan anglais et le clan armagnac de la même ignorance. Il m'est indifférent à moi, que ce soit ton prince ou Henri VI de Lancastre qui règne sur la France... La discipline au sein de notre Mère l'Église qui rejette ses francs-tireurs — même bien intentionnés — et qui fait rentrer durement chacun dans le rang; je ne veux pas dire qu'elle me soit indifférente — mais enfin, c'est une besogne secondaire, un travail de gendarmerie — dont l'Inquisition laisse le soin aux évêques et aux curés. La Sainte Inquisition a autre chose de plus haut et de plus secret à défendre que l'intégrité temporelle de l'Église. Elle lutte dans l'invisible, secrètement, contre un ennemi qu'elle seule sait détecter, dont elle seule sait apprécier le danger. Il lui arrive parfois de s'armer contre un

empereur, elle déploie d'autres fois le même appa-
rat, la même vigilance, la même dureté contre un
vieux savant en apparence inoffensif, un petit pâtre
perdu au fond d'un village de montagne, une jeune
fille. Les princes de la terre éclatent de rire de lui
voir se donner tant de mal, où il leur suffirait à
eux, d'un bout de corde et de la signature d'un
sergent au bas d'une sentence de mort. L'Inquisition laisse rire... Elle sait reconnaître et ne pas
sous-estimer son ennemi, où qu'il se trouve. Et son
ennemi n'est pas le diable, le diable fourchu pour
enfants turbulents que Messire Promoteur voit partout. Son ennemi, son seul ennemi, tu viens, te
dévoilant, de prononcer son nom : c'est l'homme.
Debout, Jeanne, et réponds! C'est moi, maintenant,
qui t'interroge.

> *Jeanne s'est levée, tournée vers lui. Il demande
> d'une voix neutre :*

Tu es chrétienne?

JEANNE

Oui, Messire.

L'INQUISITEUR

Tu as été baptisée et toute petite tu as vécu à
l'ombre de l'église qui touchait ta maison. Les cloches réglaient tes prières et tes travaux. Les émissaires que nous avons envoyés dans ton village ont
tous recueilli le même bruit : tu étais une petite
fille très pieuse. Quelquefois, au lieu de jouer et

de courir avec les autres — et pourtant tu n'étais pas une petite fille triste, tu aimais bien jouer et courir — tu te faufilais dans l'église et tu y restais longtemps, toute seule, à genoux; sans même prier, regardant le vitrail devant toi.

JEANNE

Oui, Messire. J'étais bien.

L'INQUISITEUR

Tu as eu une petite amie que tu aimais tendrement, une petite fille comme toi, nommée Haumette.

JEANNE

Oui, Messire.

L'INQUISITEUR

Tu devais l'aimer fort. Car, lorsque tu as décidé de partir pour Vaucouleurs, sachant déjà que tu ne reviendrais jamais, tu as été dire adieu à toutes tes autres compagnes et chez elle tu n'es pas passée.

JEANNE

Non. J'avais peur d'avoir trop de peine.

L'INQUISITEUR

Cette tendresse pour la créature, tu ne l'as pas limitée à celle que tu préférais. Tu soignais les petits enfants pauvres, les malades, sans le dire, quelquefois tu faisais plusieurs lieues pour porter un bouillon à une misérable vieille abandonnée dans une cabane de la forêt. Plus tard, à la première rencontre à laquelle tu as participé, tu t'es mise à sangloter au milieu des blessés.

JEANNE

Je ne pouvais pas voir couler le sang français.

L'INQUISITEUR

Pas seulement le sang français. Une brute qui avait capturé deux Anglais dans une escarmouche, devant Orléans, en a abattu un, qui n'avançait pas assez vite. Tu t'es jetée de ton cheval, en larmes, la tête de l'homme sur tes genoux, tu l'as consolé et aidé à mourir, essuyant le sang de sa bouche, l'appelant ton petit enfant et lui promettant le ciel.

JEANNE

Vous savez cela, Messire ?

L'INQUISITEUR, *doucement*.

La Sainte Inquisition sait tout, Jeanne. Elle a pesé le poids de ta tendresse humaine avant de m'envoyer te juger.

LADVENU, *se lève*.

Messire Inquisiteur, je suis heureux de vous entendre rappeler tous ces détails qui jusqu'ici avaient été passés sous silence. Oui, tout ce que nous savons de Jeanne depuis sa petite enfance n'est qu'humilité, gentillesse, charité chrétienne.

L'INQUISITEUR, *se retourne vers lui,*
soudain durci.

Silence, Frère Ladvenu! Encore une fois, maintenant, c'est moi qui interroge. Je vous prie de ne pas oublier que je représente ici la Sainte Inquisition, seule qualifiée pour distinguer entre la charité, vertu théologale, et l'ignoble, le répugnant, le trouble breuvage du lait de la tendresse humaine...

Il les regarde tous.

Ah! mes maîtres!... comme vous êtes prompts à vous attendrir! Que l'accusé soit une petite fille, avec de grands yeux bien clairs ouverts sur vous, deux sous de bon cœur et d'ingénuité et vous voilà prêts à l'absoudre — bouleversés. Les bons défenseurs de la foi que voilà! Je vois que la Sainte Inquisition a du pain, encore, sur la planche et qu'il faudra tailler, tailler, toujours tailler et que d'autres taillent encore lorsque nous ne serons plus, abattant sans pitié, éclaircissant les rangs, pour que la forêt reste saine...

Il y a un petit silence et Ladvenu répond :

LADVENU

Notre-Seigneur a aimé de cet amour-là, Messire. Il a dit : « Laissez venir à moi les petits enfants. »

Il a mis sa main sur l'épaule de la femme adultère et lui a dit : « Va en paix. »

L'INQUISITEUR, *tonne.*

Silence, Frère Ladvenu, vous dis-je! Ou il faudra que je m'occupe aussi de votre cas. Nous faisons lire des passages de l'Évangile au prône; nous demandons à nos curés de l'expliquer. L'avons-nous traduit en langue vulgaire ? L'avons-nous mis entre toutes les mains ? Ne serait-ce pas un crime de laisser les âmes simples rêver et broder sur ces textes, que nous seuls devons interpréter ?

Il se calme.

Vous êtes jeune, je veux le croire, Frère Ladvenu, et généreux — donc. Mais n'allez pas imaginer que jeunesse et générosité trouvent grâce devant les défenseurs de la foi. Ce sont des maladies passagères, dont l'expérience vous guérira. On aurait simplement dû considérer votre âge, au lieu de votre savoir — qui est, paraît-il, très grand — avant de vous admettre parmi nous. L'expérience vous apprendra bientôt que jeunesse, générosité, tendresse humaine sont des noms d'ennemis. En tout cas, je vous le souhaite. Apprenez que dans les textes dont vous parlez, si nous faisions l'imprudence de les leur confier, les simples puiseraient l'amour de l'homme. Et qui aime l'homme, n'aime pas Dieu.

LADVENU, *doucement.*

Il a voulu se faire homme, pourtant...

L'INQUISITEUR, *se retourne soudain vers Cauchon,*
coupant.

Seigneur Évêque, en vertu de votre pouvoir dis-
crétionnaire de président de ces débats, je vous
demande de vous priver pour aujourd'hui de la
collaboration de votre jeune assesseur. J'aviserai,
après cette séance, des conclusions à déposer contre
lui, s'il y a lieu.

Il tonne soudain.

Contre lui ou contre quiconque! Il n'y a pas
de têtes trop hautes pour nous, vous le savez. Je
déposerais contre moi-même, si Dieu me laissait
m'égarer.

Il se signe gravement et conclut :

Qu'il m'en garde!

Un vent de peur a soufflé sur le tribunal.
Cauchon dit simplement avec un geste navré à
Frère Ladvenu.

CAUCHON

Sortez, Frère Ladvenu.

LADVENU, *avant de s'éloigner.*

Messire Inquisiteur, je vous dois obéissance, ainsi
qu'à mon Révérend Seigneur Évêque. Je sors. Je
me tais. Je prie seulement Notre-Seigneur Jésus,
quand vous serez seul en face de Lui, de vous amener à considérer la fragilité de votre petit ennemi...

L'INQUISITEUR, *ne répond pas, le laisse sortir*
et doucement, quand il est sorti.

Plus notre ennemi est petit et fragile, plus il est
tendre, plus il est pur, plus il est innocent, plus
il est redoutable...

> *Il se retourne vers Jeanne et reprend de sa voix*
> *neutre.*

La première fois que tu as entendu tes Voix, tu
n'avais pas quinze ans. Au début, elles t'ont seulement dit : « Sois bonne et sage et va souvent à
l'Église... »?

JEANNE

Oui, Messire.

L'INQUISITEUR, *sourit, ambigu.*

Jusqu'ici — je vais te choquer — il n'y avait
rien de très exceptionnel dans ton cas. Messire
Cauchon te l'a dit : nos archives sont pleines des
rapports de nos curés disant que, dans leur village,
il y a une petite fille qui entend des voix. Nous
laissons faire. La petite fille fait tranquillement sa
petite crise de mysticisme, avec ses maladies d'enfant. Si la crise se prolonge au-delà de sa puberté,
elle se fait généralement religieuse et nous la signa-
lons simplement à son couvent pour qu'on limite
son temps de méditation et de prière et qu'on
l'accable de travaux grossiers — la fatigue est un
bon remède. Et tout cela finit par s'éteindre et se

noyer tranquillement dans les eaux de vaisselle...
D'autres fois la crise tourne court, la fille se marie,
et au deuxième moutard pendu, hurlant, à ses
jupes, nous sommes tranquilles sur les voix qu'elle
entendra — dorénavant... Toi, tu as continué. Et
un beau jour tes Voix t'ont dit autre chose. Quelque chose de précis, d'insolite, pour des voix
célestes.

JEANNE

D'aller sauver le royaume de France et d'en
chasser les Anglais.

L'INQUISITEUR

Avais-tu souffert de la guerre à Domremy?

JEANNE

Non. Rien n'a été brûlé, jamais, chez nous. Une
fois des godons sont venus tout près; nous avons
tous quitté le village. Quand nous sommes revenus,
le lendemain, tout était intact, ils étaient passés
plus loin.

L'INQUISITEUR

Ton père était riche. Les travaux des champs ne
te rebutaient pas...

JEANNE

J'aimais bien garder mes moutons. Mais je n'étais
pas une bergère comme vous le dites tous.

Elle se redresse, naïvement orgueilleuse.

J'étais la jeune fille de la maison. Pour coudre et pour filer, il n'est femme de Rouen qui saurait m'en remontrer.

L'INQUISITEUR, *sourit de cette vanité enfantine.*

Tu étais donc une petite fille aisée et heureuse. Et les malheurs de la France pour toi, ce n'était que des récits de veillées. Un jour, pourtant, tu as senti qu'il fallait que tu partes.

JEANNE

Mes Voix me le disaient.

L'INQUISITEUR

Un jour, tu as senti qu'il fallait que tu te charges de ce malheur des autres hommes autour de toi. Et tu savais déjà tout : que ta chevauchée serait glorieuse et courte et que, ton roi sacré, tu te retrouverais où tu es en ce moment, traquée parmi nous, au pied de ce bûcher qui t'attend prêt à être allumé sur la place du Marché. Ne mens pas, Jeanne, tu le savais.

JEANNE

Mes Voix m'ont dit que je serais prise et qu'après je serais délivrée.

L'INQUISITEUR, *sourit.*

Délivrée ! C'est un terme pour voix célestes, ça !

Tu t'es bien doutée, n'est-ce pas, de ce que « déli-vrée » pouvait vouloir dire, pour elles, de très vague et de très éthéré ? La mort, bien sûr, délivre. Et tu es partie tout de même, malgré ton père et ta mère, malgré tous les obstacles devant toi.

JEANNE

Oui, Messire, il le fallait. Eussé-je eu cent pères et cent mères et quand j'aurais dû user mes pieds jusqu'aux genoux, je serais partie.

L'INQUISITEUR

Pour aider tes frères, les hommes, dans leur œuvre la plus strictement humaine, la possession du sol où ils sont nés et qu'ils s'imaginent leur appartenir.

JEANNE

Notre-Seigneur ne pouvait pas vouloir que les Anglais pillent, tuent et fassent la loi chez nous. Quand ils auront repassé la mer, eux aussi seront des enfants de Dieu — chez eux ! Et moi, je n'irai pas leur chercher noise.

LE PROMOTEUR

Présomption ! Orgueil ! Tu crois que tu n'aurais pas mieux fait de continuer à coudre et filer chez ta mère ?

JEANNE

J'avais autre chose à faire, Messire. Pour ce qui

est des œuvres de femmes, il y aura toujours bien d'autres femmes pour les faire.

L'INQUISITEUR

Puisque tu étais en relations directes avec le ciel, en somme, de là à imaginer que tes prières étaient particulièrement écoutées là-haut, il n'y avait qu'un pas. L'idée toute simple ne t'est pas venue, plus conforme à ta condition de fille, de consacrer une vie de prières et de pénitence à obtenir du ciel qu'il chasse les Anglais ?

JEANNE

Dieu veut qu'on cogne d'abord, Messire ! La prière, c'est en plus. J'ai préféré expliquer à Charles comment il fallait attaquer, c'était plus simple, et il m'a crue et le gentil Dunois m'a crue aussi. Et La Hire et Xaintrailles, mes bons taureaux furieux !... Ah ! nous avons eu quelques joyeuses batailles tous ensemble... On était bien, dans le petit matin, entre bons amis, botte à botte...

LE PROMOTEUR, *fielleux*.

Pour tuer, Jeanne !... Notre-Seigneur a-t-il dit de tuer ?

Jeanne ne répond pas.

CAUCHON, *doucement*.

Tu as aimé la guerre, Jeanne...

JEANNE, *simplement.*

Oui. Ce doit être un des péchés dont il faudra que Dieu m'absolve. Le soir, je pleurai sur le champ de bataille, de voir que cette joyeuse fête du matin avait fait tant de pauvres morts.

LE PROMOTEUR

Et le lendemain, tu recommençais ?

JEANNE

Dieu le voulait. Tant qu'il resterait un Anglais en France. Ce n'est pourtant pas difficile à comprendre. Il y avait le travail à faire d'abord, voilà tout. Vous êtes savants, vous pensez trop. Vous ne pouvez plus comprendre les choses simples, mais le plus bête de mes soldats comprenait, lui. Pas vrai, La Hire ?

La Hire surgit soudain de la foule, énorme, caparaçonné de fer, joyeux, terrible.

LA HIRE

Bien sûr, Madame Jeanne !

Tout le monde se trouve plongé dans l'ombre, lui seul est éclairé. On entend au loin une vague musique de fifres. Jeanne va doucement à lui, incrédule, elle le touche du doigt et murmure.

JEANNE

La Hire...

LA HIRE, *reprenant la plaisanterie de chaque matin.*

Alors, Madame Jeanne, on a fait notre petite prière, comme convenu, est-ce qu'on va cogner un peu ce matin?

JEANNE, *se jette dans ses bras.*

Bon La Hire! Mon gros La Hire! C'est toi! Ah! tu sens bon!

LA HIRE, *gêné.*

Un petit coup de rouge et un oignon. C'est mon menu, le matin. Faites excuse, Madame Jeanne, je sais que vous n'aimez pas ça, mais j'ai fait ma prière avant pour que le bon Dieu ne me sente pas pendant que je lui parlais... Ne vous approchez pas trop, je dois puer.

JEANNE, *serrée contre lui.*

Non. Tu sens bon!

LA HIRE

M'accablez pas, Madame Jeanne. D'habitude, vous dites que je pue, que c'en est une honte pour un chrétien. D'habitude, vous dites que si le vent porte par là, je vais nous faire repérer des godons tellement je pue et qu'on va rater notre embuscade, à cause de moi... Un tout petit oignon et deux doigts de rouge, pas plus. Ça, il faut être franc, j'ai pas mis d'eau.

JEANNE, *serrée contre lui.*

Bon La Hire! J'étais bête, je ne savais pas. Tu sais, les filles, il ne leur est jamais rien arrivé, ça a des idées toutes faites, ça tranche de tout et ça ne sait rien. Je sais maintenant. Tu sens bon, La Hire, tu sens la bête : tu sens l'homme.

LA HIRE, *a un geste modeste.*

C'est la guerre. Un capitaine, c'est pas comme un curé ou un petit freluquet de la cour; ça transpire... Et pour se laver en campagne... Ceux qui se lavent, c'est pas des hommes!... L'oignon, je dis pas... C'est en plus. Je pourrais me contenter d'un morceau de saucisson à l'ail le matin comme tout le monde. C'est plus distingué comme odeur. Enfin, c'est tout de même pas un péché, l'oignon?

JEANNE, *sourit.*

Non, La Hire.

LA HIRE

Avec vous, on ne sait plus...

JEANNE

Rien n'est péché, La Hire, de ce qui est vrai! J'étais une bête, je t'ai trop tourmenté; je ne savais pas. Mon gros ours, tu sens bon la sueur chaude, l'oignon cru, le vin rouge, toutes les bonnes odeurs innocentes des hommes. Mon gros ours, tu tues, tu jures, tu ne penses qu'aux filles.

LA HIRE, *au comble de l'étonnement.*

Moi ?

JEANNE

Toi. Oui. Fais l'étonné, pourceau. Et tu es pourtant comme un petit sou neuf dans la main de Dieu.

LA HIRE

C'est vrai, Madame Jeanne ? Vous croyez qu'avec ma chienne de vie, j'ai tout de même une petite chance de paradis si je fais bien ma prière tous les jours comme convenu ?

JEANNE

On t'y attend, La Hire ! Le paradis de Dieu, je sais qu'il est plein de brutes comme toi.

LA HIRE

C'est vrai ? J'aimerais mieux, à tout prendre, qu'il y ait quelques copains... J'ai toujours eu peur d'être gêné au début avec les saints et les évêques... Faudrait parler...

JEANNE, *lui saute dessus et le bourre joyeusement de coups de poing.*

Gros ballot ! Gros lourdaud ! Grosse tourte ! Mais c'est plein d'imbéciles le paradis ! Notre-Seigneur l'a dit. Il n'y a peut-être même que ceux-là qui y

entrent; les autres, ils ont tellement eu d'occa-
sions de pécher avec leurs sales caboches, qu'ils
sont tous obligés d'attendre à la porte. C'est rien
que des copains au paradis !

LA HIRE. *inquiet.*

On ne va pas s'ennuyer tout de même entre nous,
s'il faut être polis ? On se battra tout de même
un petit peu ?

JEANNE

Toute la journée !...

LA HIRE, *respectueusement.*

Minute ! Quand le Bon Dieu nous verra pas.

JEANNE

Mais Il nous verra tout le temps, ballot ! Il voit
tout. Et Il rigolera de vous voir faire. Il te criera :
« Vas-y, La Hire ! Entre-lui dans le chou à Xaintrailles ! Tanne-lui le lard ! Montre-lui que t'es un
homme !... »

LA HIRE

Comme ça ?

JEANNE

En plus distingué, bien sûr.

LA HIRE, *au comble de l'enthousiasme.*

Ah! nom de Dieu!

JEANNE, *lui crie sévère, soudain.*

La Hire!

LA HIRE, *baisse la tête.*

Pardon.

JEANNE, *impitoyable.*

Si tu jures, Il te fout dehors.

LA HIRE, *balbutie.*

C'était de plaisir. C'était pour Lui dire merci.

JEANNE, *a un sourire.*

Il s'en est douté. Mais ne recommence pas ou c'est à moi que tu auras affaire! Allez, assez parlé ce matin. A cheval, maintenant, mon gars. A cheval!

Ils enfourchent des chevaux imaginaires.
Ils sont à cheval l'un à côté de l'autre, bercés par le mouvement de leurs montures.

JEANNE

On est bien à cheval dans le petit matin, La Hire, avec un copain... Tu sens l'herbe mouillée. C'est la guerre. C'est pour ça que les hommes se battent. Pour sentir la vraie odeur de l'herbe mouillée du matin, botte à botte avec un copain.

LA HIRE

Remarquez qu'il y en a qui se contentent de faire une petite promenade...

JEANNE

Oui, mais ceux-là ne sentent pas la vraie odeur de l'aube, la vraie chaleur du copain contre leur cuisse... Il faut la mort au bout, mon petit père, pour que le Bon Dieu vous donne tout ça...

> *Un silence, ils avancent dans la campagne bercés par leurs chevaux.*

LA HIRE, *demande.*

Et si on rencontre des godons, des godons qui les aimeraient aussi les bonnes odeurs ?

JEANNE, *joyeusement.*

On fonce ! C'est-y que t'aurais peur, mon gars ?

LA HIRE

Moi !

JEANNE

On fonce dedans, mon petit pote, et on cogne dur. On est là pour ça !

> *Un petit silence et La Hire demande encore.*

141

Mais alors, Madame Jeanne, si c'est vrai ce que vous avez dit, ceux qu'on expédie, ils vont tout droit au paradis : il y a pas plus couillon que des Anglais...

JEANNE

Bien sûr qu'ils y vont! Qu'est-ce que tu crois?

Elle crie soudain :

Arrête!

Ils s'arrêtent.

Voilà trois godons là-bas. Ils nous ont vus. Ils se sauvent! Non! Ils se sont retournés, ils ont compté qu'on était deux. Ils foncent. T'as pas peur, La Hire? Moi, je compte pas, je suis qu'une fille et j'ai même pas d'épée. T'y vas-t-y quand même?

LA HIRE, *brandissant son épée avec un rugissement joyeux.*

Foutre oui, nom de Dieu!...

Il crie au ciel en chargeant :

J'ai rien dit, mon Dieu, j'ai rien dit! Faites pas attention...

Il se jette au milieu du tribunal, caracolant, chargeant, les dispersant à grands coups d'épée. Il disparaît au fond, se battant toujours...

JEANNE, *à genoux.*

Il a rien dit, mon Dieu. Il a rien dit! Il est bon comme le pain. Il est bon comme Xaintrailles. Il est bon comme chacun de mes soldats qui tue, qui viole, qui pille, qui jure... Il est bon comme vos loups, mon Dieu, que vous avez faits innocents... Je réponds d'eux tous!

Elle est abîmée dans sa prière. Le tribunal s'est reformé autour d'elle, la lumière est revenue. Jeanne relève la tête, les voit, semble sortir d'un rêve et s'exclame.

JEANNE

Mon La Hire! Mon Xaintrailles! Oh! le dernier mot n'est pas dit. Vous verrez qu'ils viendront me délivrer tous les deux avec trois ou quatre cents bonnes lances...

CAUCHON, *doucement.*

Ils sont venus, Jeanne, jusqu'aux portes de Rouen pour savoir combien il y avait d'Anglais dans la ville, et puis ils sont repartis...

JEANNE, *démontée.*

Ah! ils sont repartis?... Sans se battre?

Un silence, elle se reprend.

Ils sont repartis chercher du renfort, bien sûr! C'est moi qui leur ai appris qu'il ne fallait pas attaquer n'importe comment, comme à Azincourt.

CAUCHON

Ils sont repartis vers le Midi, au sud de la Loire,

où Charles, las de la guerre, licencie ses armées et cherche à conclure un traité pour conserver au moins son petit bout de France. Ils ne reviendront jamais, Jeanne !

JEANNE

Ce n'est pas vrai ! La Hire reviendra, même s'il n'a aucune chance !

CAUCHON

La Hire n'est qu'un chef de bande qui s'est vendu avec sa compagnie à un autre prince, quand il a su que le tien allait faire la paix. Il marche en ce moment vers l'Allemagne pour trouver un autre pays à piller — tout simplement.

JEANNE

Ce n'est pas vrai !

CAUCHON, se lève.

T'ai-je jamais menti, Jeanne ? C'est vrai. Alors, pourquoi te sacrifierais-tu pour défendre ceux qui t'abandonnent ? Les seuls hommes au monde qui essaient encore de te sauver — si paradoxal que cela puisse paraître — c'est nous ; tes anciens ennemis et tes juges. Abjure, Jeanne, tu ne résistes plus que pour ceux qui viennent de te trahir. Rentre dans le sein de ta Mère l'Église. Humilie-toi, elle te relèvera par la main. Je suis persuadé qu'au fond de ton cœur tu n'as pas cessé d'être une de ses filles.

Oui, je suis une fille de l'Église!

CAUCHON

Confie-toi à ta mère, Jeanne, sans restriction!
Elle pèsera ta part d'erreur; te délivrant même de
cette angoisse de la juger par toi-même; tu n'auras
plus à penser à rien, tu feras ta punition — qu'elle
soit lourde ou légère — et tu iras en paix, enfin!
Tu dois avoir besoin de paix.

JEANNE, *après un silence.*

Pour ce qui est de la foi, je m'en remets à
l'Église. Mais pour ce qui est de ce que j'ai fait,
je ne m'en dédirai jamais.

Mouvement des prêtres. L'Inquisiteur éclate.

L'INQUISITEUR

Vous le voyez, mes maîtres, l'homme, relever
la tête! Vous comprenez maintenant *qui* vous jugez?
Ces voix célestes vous avaient assourdis aussi, ma
parole! Vous vous obstiniez à chercher je ne sais
quel diable embusqué derrière elles... Je voudrais
bien qu'il ne s'agisse que du diable! Son procès
serait vite fait. Le diable est notre allié. Après
tout, c'est un ancien ange, il est de chez nous. Avec
ses blasphèmes, ses insultes, sa haine même de Dieu,
il fait encore acte de foi... L'homme, l'homme trans-
parent et tranquille me fait mille fois plus peur.

Regardez-le, enchaîné, désarmé, abandonné des siens et plus très sûr — n'est-ce pas, Jeanne ? — que ces voix qui se sont tues depuis si longtemps lui aient jamais vraiment parlé. S'écroule-t-il suppliant Dieu de le reprendre dans Sa main ? Implore-t-il au moins que ses voix lui reviennent pour éclairer sa route ? Non. Il se retourne, il fait face sous la torture, l'humiliation et les coups, dans cette misère de bête, sur la litière humide de son cachot; il lève les yeux vers cette image invaincue de lui-même...

Il tonne.

... qui est son seul vrai Dieu ! Voilà ce que je crains ! Et il répond, répète, Jeanne — tu meurs d'envie de le redire : « Pour ce qui est de ce que j'ai fait... »

JEANNE, *doucement.*

Je ne m'en dédirai jamais.

L'INQUISITEUR, *répète, tordu de haine.*

« Pour ce qui est de ce que j'ai fait, je ne m'en dédirai jamais !... » Les entendez-vous les mots, qu'ils ont tous dits sur les bûchers, les échafauds, au fond des chambres de torture, chaque fois que nous avons pu nous saisir d'eux ? Les mots qu'ils rediront encore dans des siècles, avec la même impudence, car la chasse à l'homme ne sera jamais fermée... Si puissants que nous devenions un jour, sous une forme ou sous une autre, si lourde que se fasse l'Idée sur le monde, si dures, si précises, si subtiles que soient son organisation et sa police, il y aura toujours un homme à chasser quelque part qui lui aura échappé, qu'on prendra enfin, qu'on tuera et qui humiliera encore une fois l'Idée au comble de sa puissance, simplement parce qu'il dira « non » sans baisser les yeux.

Il siffle entre ses dents, haineux, regardant Jeanne.

L'insolente race !

Il se retourne vers le tribunal.

Avez-vous besoin de l'interroger encore ? de lui demander pourquoi elle s'est jetée du haut de cette tour où elle était prisonnière pour fuir ou se détruire, contre les commandements de Dieu ? Pourquoi elle a quitté son père et sa mère, mis cet habit d'homme qu'elle ne veut plus laisser, contre les commandements de l'Église ? Elle vous fera la même réponse d'homme : « Ce que j'ai fait, je l'ai fait. C'est à moi. Personne ne peut me le reprendre et je ne le renie pas. Tout ce que vous pouvez, c'est me tuer, me faire crier n'importe quoi sous la torture, mais me faire dire « oui », cela vous ne le pouvez pas. »

Il leur crie :

Hé bien, il faudra que nous apprenions, mes maîtres, d'une façon ou d'une autre, et si cher que cela coûte à l'humanité — à faire dire « oui » à l'homme ! Tant qu'il restera un homme qui ne sera pas brisé, l'Idée, même si elle domine et broie tout le reste du monde, sera en danger de périr. C'est pourquoi je réclame pour Jeanne l'excommunication, le rejet hors du sein de l'Église et sa remise au bras séculier pour qu'il la frappe.

Il ajoute, neutre, récitant une formule :

... le priant toutefois de limiter sa sentence en deçà de la mort et de la mutilation des membres.

Il s'est retourné vers Jeanne.

Ce sera une piètre victoire contre toi, Jeanne, mais, enfin, tu te tairas. Et, jusqu'ici, nous n'avons pas trouvé mieux.

Il se rassied dans le silence.

CAUCHON, *doucement.*

Messire l'Inquisiteur vient, le premier, de demander ton excommunication et ton supplice, Jeanne. Dans un instant, je crains que Messire le Promoteur ne demande la même chose. Chacun de nous dira son sentiment et il me faudra décider. Avant de couper et de jeter loin d'elle ce membre pourri que tu es, ta Mère l'Église, à qui la brebis égarée est plus chère que toutes les autres, ne l'oublie pas, va te conjurer une dernière fois.

Il fait un signe, un homme s'avance.

Connais-tu cet homme, Jeanne ?

Elle se retourne, elle a un petit frisson d'effroi.

C'est le maître bourreau de Rouen. C'est à lui

que tu vas appartenir tout à l'heure si tu ne veux pas nous remettre ton âme afin que nous la sauvions. Ton bûcher est-il prêt, Maître ?

LE BOURREAU

Prêt, Monseigneur. Plus haut que le bûcher réglementaire, des ordres m'ont été donnés — pour qu'on voie bien la fille de partout. L'ennui, pour elle, c'est que je ne pourrai pas l'aider, elle sera trop haut.

CAUCHON

Qu'appelles-tu l'aider, Maître ?

LE BOURREAU

Un tour de main du métier, Monseigneur, qui est de coutume quand il n'y a pas d'instructions spéciales. On laisse les premières flammes monter et puis, dans la fumée, je grimpe derrière, comme pour arranger les fagots, et j'étrangle. Il n'y a plus que la carcasse qui grille, c'est moins dur. Mais avec les instructions que j'ai reçues, c'est trop haut, je ne pourrai pas grimper.

Il ajoute, simplement :

Alors, forcément, ça sera plus long.

CAUCHON

Tu as entendu, Jeanne ?

JEANNE, *doucement.*

Oui.

Je vais te tendre une dernière fois la main, la grande main secourable de ta Mère qui veut te reprendre et te sauver. Mais tu n'auras pas plus long délai. Écoute ce grondement, c'est la foule qui t'attend déjà depuis l'aube... Ils sont venus tôt pour avoir de bonnes places. Ils mangent leurs provisions en ce moment, grondent leurs enfants, se font des farces et demandent aux soldats si cela va bientôt commencer. Ils ne sont pas méchants. Ce sont les mêmes qui seraient venus t'acclamer à ton entrée solennelle si tu avais pris Rouen. Les choses ont tourné autrement, voilà tout, alors ils viennent te voir brûler. Eux à qui il n'arrive jamais rien, le triomphe ou la mort des grands de ce monde est leur spectacle. Il faut leur pardonner, Jeanne. Ils paient, toute leur vie, assez cher d'être le peuple, pour avoir ces petites distractions-là.

JEANNE, *doucement.*

Je leur pardonne. Et à vous aussi, Messire.

LE PROMOTEUR, *se dresse, hurlant.*

Orgueilleuse! Abominable orgueilleuse! Monseigneur te parle comme un père pour sauver ta misérable âme perdue et tu as le front de lui dire que tu lui pardonnes?

JEANNE

Monseigneur me parle doucement, mais je ne

sais si c'est pour me sauver ou pour me vaincre. Et comme il sera obligé de me faire brûler tout de même tout à l'heure, je lui pardonne.

CAUCHON

Jeanne, essaie de comprendre qu'il y a quelque chose d'absurde dans ton refus. Tu n'es pas une infidèle ? Le Dieu dont tu te réclames est le nôtre aussi. C'est nous précisément qu'Il a désignés pour te guider à travers Son apôtre Pierre qui a fondé Son Église. Dieu n'a pas dit à Sa Créature : « Tu t'adresseras directement à moi. » Il a dit : « Tu es Pierre et sur cette pierre je bâtirai Mon Église... et ses prêtres seront vos pasteurs... » Tu ne nous crois pas des prêtres indignes, Jeanne ?

JEANNE, *doucement*.

Non.

CAUCHON

Alors, pourquoi ne veux-tu pas faire ce que Dieu a dit ? Pourquoi ne veux-tu pas remettre ta faute à Son Église, comme tu le faisais, enfant, dans ton village ? Tu n'as pas changé de foi ?

JEANNE, *crie soudain angoissée*.

Je veux m'en remettre à l'Église. Je veux la sainte communion ! on me la refuse.

CAUCHON

Nous te la donnerons après ta confession et ta

151

pénitence commencée ; il faut seulement que tu nous dises « oui ». Tu es courageuse, nous le savons tous, mais ta chair est tendre encore, tu dois avoir peur de mourir ?

JEANNE, *doucement.*

Oui. J'ai peur. Mais qu'est-ce que cela fait ?

CAUCHON

Je t'estime assez, Jeanne, pour croire que cela ne serait pas suffisant pour te faire abjurer. Mais tu dois avoir une autre peur, plus grande encore : celle de t'être trompée et de t'exposer par orgueil, par obstination, à la damnation éternelle. Or, qu'est-ce que tu risques, même si tes Voix viennent de Dieu, à faire ton acte de soumission aux prêtres de Son Église ? Si nous ne croyons pas à tes Voix et à leurs commandements et que nous t'infligions la punition que nous croirons raisonnable — admettons que Dieu t'ait vraiment parlé, par l'intermédiaire de Son Archange et de Ses Saintes — hé bien, c'est nous qui commettrons un monstrueux péché d'ignorance, de présomption et d'orgueil et qui le paierons tout au long de notre vie éternelle. Nous prenons ce risque pour toi, Jeanne, toi, tu n'en prends aucun. Dis-nous « je m'en remets à vous », dis-nous simplement « oui » et toi tu es en paix, tu es blanche à coup sûr, tu ne risques plus rien.

JEANNE, *épuisée soudain.*

Pourquoi me torturez-vous si doucement, Messire ? J'aimerais mieux que vous me battiez.

CAUCHON, *sourit.*

Si je te battais, je donnerais une trop bonne excuse à ton orgueil qui ne demande qu'à te faire mourir. Je te raisonne parce que Dieu t'a faite pleine de bon sens et de raison. Je te supplie même, parce que je sais que tu es tendre. Je suis un vieil homme, Jeanne, je n'attends plus grand-chose de ce monde, et j'ai beaucoup tué, comme chacun de nous ici, pour défendre l'Église. C'est assez. Je suis las. Je ne voudrais pas, avant de mourir, avoir encore tué une petite fille. Aide-moi toi aussi.

JEANNE, *le regarde désemparée après un silence.*

Qu'est-ce qu'il faut que je réponde ?

CAUCHON, *s'approche.*

Il faut d'abord que tu comprennes que proclamer que tu es sûre que Dieu t'envoyait ne peut plus être utile à rien ni à personne. C'est tout juste faire le jeu du bourreau et des Anglais. Ton roi même, en avisé politique, a manifesté par les lettres que nous t'avons lues qu'il ne voulait en aucune façon être redevable de sa couronne à une intervention divine dont tu aurais été l'instrument.

Jeanne se retourne vers Charles, angoissée.
Celui-ci dit simplement :

CHARLES

Mets-toi à ma place, Jeanne! S'il a fallu un
miracle pour que je sois sacré roi de France, c'est
qu'alors il n'était pas tout naturel que je le sois.
C'est que je n'étais pas vraiment le fils de mon
père, sinon mon sacre allait de soi. Tous les rois
ont toujours été sacrés dans ma famille sans qu'on
ait eu besoin d'un miracle. L'aide divine, c'est
bien, mais c'est louche, pour quelqu'un dont la
seule puissance est le bon droit. Et c'est d'autant
plus louche quand elle s'arrête... Depuis la malheureuse affaire de Paris, nous nous faisons battre à tous
les coups; toi tu t'es fait prendre à Compiègne.
Ils te mijotent un petit verdict qui va te proclamer sorcière, hérétique, envoyée du diable, à
coup sûr. J'aime mieux laisser entendre que tu
n'as jamais été envoyée par rien du tout. Comme
cela, Dieu ne m'a ni aidé ni abandonné. J'ai gagné
parce que j'étais le plus fort momentanément;
je suis en train de me faire piler parce qu'en ce
moment je suis le moins fort. Ça c'est de la politique,
c'est sain! Tu comprends?

JEANNE, *doucement.*

Oui. Je comprends.

CAUCHON

Je suis heureux de te voir enfin raisonnable.

154

On t'a posé beaucoup de questions dans lesquelles tu t'es perdue. Je vais t'en poser trois, essentielles, réponds-moi « oui » trois fois et nous serons tous sauvés ici, toi qui vas mourir et nous qui allons te faire mourir.

JEANNE, *doucement après un silence.*

Posez toujours. Je verrai si je peux répondre.

CAUCHON

La première question est la seule importante. Si tu me réponds oui, les autres réponses iront de soi. Écoute bien et pèse chaque terme : « Vous en remettez-vous avec humilité à la Sainte Église apostolique et romaine, à notre Saint Père le Pape et à ses évêques du soin d'apprécier vos actes et de vous juger ? Faites-vous acte de soumission entière et totale et demandez-vous à rentrer dans le sein de l'Église ? » Il suffit que tu répondes oui.

Jeanne après un silence, regarde autour d'elle désemparée. Enfin, elle dit :

JEANNE

Oui, mais...

L'INQUISITEUR, *sourdement, de sa place.*

Sans un « mais », Jeanne !...

JEANNE, *refermée.*

Je ne veux pas être obligée de dire le contraire

de ce que mes Voix m'ont dit. Je ne veux rien avoir à témoigner contre mon roi, rien qui puisse ternir la gloire de son sacre qui lui est acquise à jamais maintenant...

L'Inquisiteur hausse les épaules.

L'INQUISITEUR

Écoutez, l'homme! Il n'y a pas deux façons de la faire taire...

CAUCHON, *se met lui aussi en colère.*

Enfin, Jeanne, es-tu folle? Ne vois-tu pas cet homme en rouge qui t'attend? Tu dois pourtant comprendre que c'est mon dernier geste pour toi, que je n'en pourrai plus d'autre. L'Église veut encore croire que tu es une de ses filles. Elle a pesé avec soin la forme de sa question pour te faciliter la route, et tu ergotes, tu marchandes. Tu n'as pas à marchander avec ta Mère, impudente fille! Tu dois la supplier à genoux de t'envelopper dans sa robe et de te protéger. La pénitence qu'elle t'infligera, tu l'offriras à Dieu, avec l'injustice, si tu y trouves de l'injustice! Notre-Seigneur a souffert plus que toi, pour toi, dans l'humiliation et l'injustice de Sa Passion. A-t-Il marchandé, Lui, a-t-Il ergoté quand il s'est agi de mourir pour toi? Tu es en retard sur Lui, des gifles, des crachats au visage, de la couronne d'épines et de l'interminable agonie entre deux voleurs; tu ne pourras jamais Le rattraper! Tout ce qu'Il demande par notre voix, c'est de te soumettre au jugement de Son Église et tu hésites?

JEANNE, *doucement, après un silence,*
les larmes aux yeux.

Pardon, Messire. Je n'avais pas pensé que Notre-Seigneur pouvait le vouloir. C'est vrai qu'Il a dû plus souffrir que moi.

Un petit silence encore, et elle dit :
Je me soumets.

CAUCHON

Supplies-tu humblement, et sans restriction aucune, la Sainte Église catholique de te reprendre dans son sein et t'en remets-tu à son jugement?

JEANNE

Je supplie humblement ma Mère l'Église de me reprendre dans son sein et je m'en remets à son jugement...

CAUCHON, *a un soupir de soulagement.*

Bien, Jeanne. Le reste va être tout simple maintenant. Promets-tu de renoncer à jamais de prendre les armes?

JEANNE

C'est qu'il y a encore de la besogne à faire...

La besogne, comme tu dis, sera pour d'autres! Ne sois pas bête, Jeanne. Tu es enchaînée, prisonnière et en grand danger d'être brûlée. De toute façon, tu t'en doutes bien, que tu dises oui, ou que tu dises non, cette besogne-là ne sera plus pour toi. Ton rôle est joué. Les Anglais qui te tiennent ne te laisseront plus te battre. Tu nous as dit tout à l'heure que lorsqu'une fille avait deux sous de bon sens, c'était Dieu qui faisait un miracle. Si Dieu te protège, c'est le moment pour Lui de t'envoyer ces deux sous de bon sens! Promets-tu de renoncer à jamais à prendre les armes?

JEANNE, *gémit.*

Si mon roi a encore besoin de moi?...

CHARLES, *précipitamment.*

Oh! là! là!... Si c'est pour moi, vous pouvez dire oui tout de suite. Je n'ai plus besoin de vous.

JEANNE, *sourdement.*

Alors, oui.

CAUCHON

Promets-tu de renoncer à jamais à porter, contre toutes les lois de la décence et de la modestie chrétienne, cet impudent habit d'homme dont tu t'es affublée?

JEANNE, *lassée de cette question.*

Vous me l'avez demandé dix fois. L'habit n'est rien. Ce sont mes Voix qui m'ont dit de le prendre.

LE PROMOTEUR, *glapit.*

C'est le diable! Qui, hors du diable, aurait pu inciter une fille à choquer ainsi la pudeur?

JEANNE, *doucement.*

Mais, le bon sens, Messire.

LE PROMOTEUR, *ricane.*

Le bon sens? Il a bon dos avec toi, le bon sens! Le bon sens, une culotte à une fille?

JEANNE

Bien sûr, Messire. Je devais chevaucher avec des soldats; pour qu'ils ne pensent pas que j'étais une fille, pour qu'ils ne voient qu'un soldat comme eux dans moi, il fallait bien que je sois vêtue comme eux.

LE PROMOTEUR

Mauvaise réponse! Une fille qui n'est pas damnée d'avance n'a pas à aller courir avec des soldats!

CAUCHON

Admettons même que cet habit t'ait été utile pour la guerre; depuis que nous te tenons, depuis

que tu as cessé de te battre, pourquoi as-tu toujours refusé de reprendre l'habit de ton sexe?

CENTER: JEANNE

Je ne le pouvais pas.

CENTER: CAUCHON

Pourquoi?

CENTER: JEANNE, *hésite un peu, puis, toute rouge.*

Si j'avais été en prison d'Église, j'aurais accepté.

CENTER: LE PROMOTEUR

Vous voyez bien, Monseigneur, que cette fille
ergote, qu'elle se joue de nous. Pourquoi dans la
prison d'Église aurais-tu accepté et refuses-tu dans
la prison où tu es? Je ne comprends pas, moi, et je
veux comprendre!...

CENTER: JEANNE, *sourit tristement.*

C'est pourtant bien facile à comprendre, Messire. Il n'y a pas besoin d'être grand clerc!

CENTER: LE PROMOTEUR, *hors de lui.*

C'est facile à comprendre et moi je ne comprends
pas, parce que je ne suis qu'une bête, sans doute?
Notez, Messires, notez qu'elle m'insulte dans l'exer-
cice de mon ministère public! Qu'elle se fait un
titre de gloire de son impudeur, qu'elle s'en vante;
qu'elle y trouve je ne sais quelle jouissance obscène!...

Si elle se soumet à l'Église sur le fond, comme elle semble vouloir le faire, après les derniers efforts de Monseigneur l'Évêque, il faudra peut-être que j'abandonne mon chef d'accusation d'hérésie, mais tant qu'elle refusera de quitter cet habit diabolique — et quelles que soient les pressions qu'on pourra exercer sur moi dans cette volonté de la soustraire à son sort que je sens présider ces débats — tant qu'elle aura cette livrée d'impudeur et de vice, je refuserai de renoncer à mon chef d'accusation de sorcellerie! J'en appellerai au besoin au concile de Bâle! Le diable est là, Messires, le diable est là! Je sens son affreuse présence! C'est lui qui lui dicte de refuser de quitter cet habit d'homme, pas de doute là-dessus.

JEANNE

Mettez-moi en prison d'Église et je le quitterai.

LE PROMOTEUR

Tu n'as pas à marchander avec l'Église, Jeanne! Monseigneur te l'a dit. Tu quitteras de toute façon cet habit ou tu seras déclarée sorcière et brûlée!

CAUCHON

Pourquoi, si tu en acceptes le principe, ne veux-tu pas quitter cet habit dans la prison où tu es présentement?

JEANNE, *murmure, rouge*.

Je n'y suis pas seule.

LE PROMOTEUR, *glapit.*

Et alors ?

JEANNE

Deux soldats anglais veillent jour et nuit dans la cellule avec moi.

LE PROMOTEUR

Et alors ?

> *Un silence. Jeanne rougit encore et ne répond pas.*

Vas-tu répondre ? Tu ne trouves plus rien à inventer, n'est-ce pas ? Je croyais le diable plus malin ! Je ne lui fais pas mes compliments ! Tu te sens prise, hein, ma fille ? que te voilà toute rouge maintenant ?

CAUCHON, *doucement.*

Il faut que tu répondes, Jeanne, à présent. Je crois te comprendre, mais il faut que ce soit toi qui le dises.

JEANNE, *après un petit temps d'hésitation.*

Les nuits sont longues. Je suis enchaînée. J'essaie bien de ne pas dormir, mais quelquefois la fatigue est plus forte...

> *Elle s'arrête, plus rouge encore.*

LE PROMOTEUR, *de plus en plus obtus.*

Et alors ? Les nuits sont longues, tu es enchaînée, tu as envie de dormir... Et alors ?

JEANNE, *doucement.*

Avec cet habit-là, je peux mieux me défendre.

CAUCHON, *demande soudain sourdement.*

Et tu as à te défendre de cette façon-là depuis le début du procès ?

JEANNE

Depuis que je suis prise, Messire — toutes les nuits. Dès que vous me renvoyez là-bas, le soir, cela recommence. Je me suis habituée à ne pas dormir, c'est pour cela que quelquefois, le lendemain, quand on me ramène devant vous, je réponds un peu de travers. Mais c'est long toutes les nuits et ils sont forts et rusés. Il faut que je me batte dur. Seulement, si j'ai une jupe...

Elle s'arrête.

CAUCHON

Pourquoi n'appelles-tu pas l'officier, pour qu'on te défende ?

JEANNE, *après un temps, sourdement.*

Ils m'ont dit qu'ils seraient pendus, si j'appelais...

WARWICK, *à Cauchon.*

Détestable! C'est détestable! Dans l'armée française, passe... Mais dans l'armée anglaise, non. Je veillerai à cela.

CAUCHON, *doucement.*

Reviens dans le sein de ta Mère l'Église, Jeanne, accepte de reprendre l'habit de femme et c'est l'Église qui te protégera dorénavant. Tu n'auras plus à te battre, je te le promets.

JEANNE

Alors, j'accepte.

CAUCHON, *a un profond soupir.*

Bien. Merci, Jeanne, de m'avoir aidé. J'ai craint un moment de ne pouvoir te sauver. On va te lire ton acte d'abjuration, il est tout préparé, tu n'auras qu'à le signer.

JEANNE

Je ne sais pas écrire.

CAUCHON

Tu feras une croix. Messire Inquisiteur, me permettez-vous de rappeler Frère Ladvenu pour qu'il lise l'acte? Je lui avais demandé de le rédiger. Nous devons d'ailleurs être au complet maintenant, pour prononcer la sentence, puisque Jeanne revient parmi nous.

Il se penche vers lui.

Vous devez être satisfait, l'homme a dit oui.

L'INQUISITEUR, *a un sourire pâle sur ses minces lèvres.*

J'attends la fin.

Cauchon va au fond crier à un garde :

CAUCHON

Rappelez Frère Ladvenu !

LE PROMOTEUR, *va à l'Inquisiteur et lui parle bas.*

Messire Inquisiteur, vous n'allez pas laisser faire une chose pareille ?

L'INQUISITEUR, *a un geste vague.*

Si elle a dit « oui ».

LE PROMOTEUR

Monseigneur l'Évêque a conduit ces débats avec une indulgence pour cette fille que je n'arrive pas à comprendre ! Je sais pourtant, de source sûre, qu'il mange au râtelier anglais. Mangerait-il encore plus gros au râtelier français ? Voilà la question que je me pose.

L'INQUISITEUR, *sourit.*

Je ne me la pose pas, Messire Promoteur. Ce n'est pas une question de mangeoire. C'est plus grave.

Il s'agenouille soudain, oubliant l'autre.

O Seigneur ! Vous avez permis, à la onzième heure, que l'homme s'humilie et s'abaisse dans cette jeune fille. Vous avez permis que, cette fois, il dise « oui ». Pourquoi, en même temps, avez-Vous laissé naître une inavouable tendresse au cœur de ce vieil homme usé par une vie de compromis qui la jugeait ? Ne permettez-Vous donc jamais, Seigneur, que ce monde soit débarrassé de toute trace d'humanité, afin que nous puissions le consacrer en paix à Votre Gloire ?

Frère Ladvenu s'est avancé.

CAUCHON

Frère Ladvenu, Jeanne est sauvée. Elle accepte de rentrer dans le sein de notre Mère l'Église. Lisez-lui l'acte d'abjuration, elle va le signer.

LADVENU

Merci, Jeanne. J'ai prié tout le temps pour toi.

Il lit :

« Moi, Jeanne, communément appelée la Pucelle, je confesse avoir péché par orgueil, opiniâtreté et malice en prétendant avoir reçu des révélations de Notre-Seigneur Dieu, par l'intermédiaire de Ses anges et de Ses bienheureuses saintes. Je confesse avoir blasphémé en portant un costume immodeste, contraire à la bienséance de mon sexe et aux canons de notre Sainte Mère l'Église et avoir incité par mes maléfices des hommes à s'entre-tuer. Je désavoue et abjure tous ces péchés, je jure sur les Saints Évangiles de renoncer à porter jamais cet habit d'hérésie et de ne jamais plus prendre les armes. Je déclare m'en remettre humblement à notre Sainte Mère l'Église, et à notre Saint Père le Pape de Rome et à ses Évêques, pour l'appréciation de mes péchés et de mes erreurs. Je la supplie de me recevoir dans son sein et me déclare prête à subir la sentence qu'il lui plaira de m'infliger. En foi de quoi j'ai signé de mon nom sur cet acte d'abjuration dont je déclare avoir eu connaissance. »

JEANNE, *qui n'est plus qu'une petite fille embarrassée.*

Je fais un rond ou une croix ? Je ne sais pas écrire mon nom.

LADVENU

Je vais te tenir la main.

Il l'aide à signer.

CAUCHON

Voilà, Jeanne. Ta Mère est en fête de te voir revenue à elle. Et tu sais qu'elle se réjouit plus pour la brebis égarée que pour les quatre-vingt-dix-neuf autres... Ton âme est sauvée et ton corps ne sera point livré au bourreau. Nous te condamnons seulement, par grâce et modération, à passer le reste de tes jours en prison, pour la pénitence de tes erreurs, au pain de douleur et à l'eau d'angoisse, afin que tu puisses t'y repentir par la contemplation solitaire et moyennant quoi, nous te déclarons délivrée du danger d'excommunication où tu étais tombée. Tu peux aller en paix.

Il fait un signe, la bénissant.

Reconduisez-la!

Les soldats emmènent Jeanne. Tout le monde se lève et se met à bavarder par petits groupes; atmosphère de fin d'audience.

WARWICK, *se rapproche, respirant sa rose.*

Bien, Monseigneur, bien. Je me suis demandé un moment quelle étrange lubie vous poussait à sauver, coûte que coûte, cette jeune fille... Et si vous n'aviez pas tendance à trahir un tout petit peu votre roi.

CAUCHON

Quel roi, Monseigneur?

WARWICK, *avec une pointe de raideur.*

J'ai dit votre roi. Vous n'en avez qu'un, je présume? Oui, j'ai eu peur que Sa Majesté n'en ait pas pour son argent à cause de vous. Et puis j'ai réfléchi! L'abjuration nous suffit amplement pour déshonorer le petit Charles. Cela a même l'avantage de nous éviter les conséquences du martyre, qui sont toujours imprévisibles, avec la sentimentalité actuelle des peuples. Le bûcher, cette petite fille irréductible au milieu des flammes, cela avait un petit air de triomphe encore pour la cause française. L'abjuration, cela a quelque chose de lamentable. C'est parfait.

> *Tous les personnages se sont retirés. L'éclairage change. On voit Jeanne passer au fond, reconduite dans sa prison par un garde. Les personnages de Chinon se sont glissés furtifs, l'attendant sur son passage.*

AGNÈS, *s'avance.*

Jeanne, Jeanne ma chère, vous ne pouvez pas savoir combien nous sommes contentes de ce succès! Félicitations!

LA REINE YOLANDE

C'était absolument inutile de mourir, ma petite Jeanne, et il faut que tout ce qu'on fait dans la vie soit efficace... Moi, on jugera mon attitude de diverses façons, bien sûr, mais, du moins, je n'ai jamais rien fait qui ne soit efficace.

AGNÈS

C'est trop bête! J'aime beaucoup les procès politiques, je demande toujours à Charles de m'avoir une place; un homme qui défend sa tête, c'est un spectacle passionnant... Mais là, vraiment, je n'étais pas heureuse... Tout le temps je me disais : C'est trop bête! Ce pauvre petit bout de chou qui va se faire tuer pour rien.

Elle s'est accrochée au bras de Charles.

C'est si bon, vous savez, Jeanne, de vivre...

CHARLES

Oui, vraiment, quand vous avez failli tout compromettre à cause de moi — j'étais touché bien sûr, mais je ne savais pas comment vous faire comprendre que vous faisiez fausse route... D'abord, naturellement, j'avais pris mes précautions, sur les conseils de ce vieux renard d'Archevêque, dans cette lettre à mes bonnes villes vous désavouant, mais, surtout, je n'aime pas qu'on se dévoue pour moi. Je n'aime pas qu'on m'aime. Cela vous crée des obligations. Et j'ai horreur des obligations.

Jeanne ne les regarde pas, elle écoute leur papotage sans sembler les voir, elle dit soudain doucement :

JEANNE

Occupez-vous bien de Charles. Qu'il ait du courage toujours.

AGNÈS

Mais bien sûr, sotte. Je travaille dans le même sens que vous. Vous croyez que j'ai envie d'être la maîtresse d'un petit roi toujours battu ? Vous verrez que j'en ferai un grand roi du petit Charles et sans me faire brûler pour lui, moi...

C'est un peu triste à dire, Jeannot, mais après tout, Dieu l'a voulu, qui a fait les hommes et les femmes — avec mes petites scènes au lit, j'ai obtenu de lui autant que vous.

JEANNE, *murmure.*

Pauvre Charles...

AGNÈS

Pourquoi pauvre ? Il est très heureux comme tous les égoïstes et il deviendra tout de même un très grand roi.

LA REINE YOLANDE

Nous y veillerons, Jeanne, avec d'autres moyens que vous, mais très efficacement aussi.

AGNÈS, *avec un geste à la petite reine.*

Même Sa petite Majesté, n'est-ce pas ? qui lui a fait un second garçon. C'est tout ce qu'elle sait faire, mais elle le fait très bien. Et comme cela, le premier peut mourir, on est tranquilles. La succession est tout de même assurée... Vous voyez, vous laissez tout en ordre, Jeanne, à la Cour de France.

CHARLES, *qui a éternué.*

Vous venez, chérie ? J'ai horreur de cette atmosphère de prison, c'est d'un humide ! Au revoir,

Jeanne. Nous reviendrons vous faire une petite visite, de temps en temps.

JEANNE

Au revoir, Charles.

CHARLES, *agacé.*

Au revoir, au revoir... En tout cas, si vous revenez à la Cour, il faudra que vous m'appeliez Sire maintenant, comme tout le monde. Depuis que je suis sacré, j'y veille. La Trémouille même le fait. C'est une grande victoire !

> *Ils sont sortis trottinants dans un frou-frou de robes.*

JEANNE, *murmure.*

Adieu, Sire. Je suis contente de vous avoir au moins obtenu cela.

> *Elle se remet en marche. Le garde la conduit jusqu'à son tabouret. L'éclairage change encore. Elle est seule maintenant dans sa prison.*

JEANNE, *seule.*

Monseigneur saint Michel, Mesdames Catherine et Marguerite, vous ne me parlerez donc plus ? Pourquoi m'avez-vous laissée seule depuis que les Anglais m'ont prise ? Vous étiez là pour me conduire à la victoire, mais c'est surtout dans la peine que j'avais besoin de vous. Je sais bien que cela serait

trop facile que Dieu vous tienne toujours la main
— où serait le mérite ? Il m'a pris la main au début
parce que j'étais encore petite et après, il a pensé
que j'étais assez grande. Je ne suis pas encore très
grande, mon Dieu, et dans tout ce que disait l'Évêque, c'était difficile d'y voir clair... Avec le vilain
chanoine, c'était facile; j'avais envie de lui répondre
mal, rien que pour le faire enrager; mais l'Évêque
parlait si doucement et il m'a semblé plusieurs
fois que c'était lui qui avait raison. Sans doute,
vous avez voulu cela, mon Dieu, et puis aussi que
j'aie eu si peur de souffrir quand cet homme m'a
dit qu'il ne pourrait même pas m'étrangler. Sans
doute avez-vous voulu que je vive ?

*Un silence. Elle semble attendre une réponse,
les yeux au ciel.*

C'est bien. Il faudra que je réponde toute seule
à cette question-là, aussi.

Un temps. Elle ajoute :

Après tout, je n'étais peut-être qu'orgueilleuse ?...
Après tout, c'est moi qui ai peut-être tout inventé ?
Cela doit être bon, aussi, d'être en paix, que tout
devoir vous soit remis, et qu'on n'ait plus que la
petite carcasse à traîner modestement, au jour le
jour...

Un silence encore, elle murmure :

Cela devait être un peu trop grand pour moi,
cette histoire...

Elle tombe soudain sanglotante sur son esca-

beau. Warwick entre rapidement précédé d'un
garde qui les laisse aussitôt. Il s'arrête, regarde
Jeanne, surpris.

WARWICK

Vous pleurez?

JEANNE, *se redresse.*

Non, Monseigneur.

WARWICK

Et moi qui venais vous féliciter! Heureuse issue
en somme de ce procès. Je le disais à Cauchon, je
suis très heureux que vous ayez coupé au bûcher.
Ma sympathie personnelle pour vous, mise à part
— on souffre horriblement, vous savez, et c'est
toujours inutile la souffrance, et inélégant — je
crois que nous avons tous intérêt à vous avoir évité
le martyre. Je vous félicite bien sincèrement. Malgré votre petite extraction, vous avez eu un réflexe
de classe. Un gentleman est toujours prêt à mourir,
quand il le faut, pour son honneur ou pour son
roi, mais il n'y a que les gens du petit peuple qui
se font tuer pour rien. Et puis, cela m'amusait de
vous voir damer le pion à cet inquisiteur. Sinistre
figure! Ces intellectuels sont ce que je déteste le
plus au monde. Ces gens sans chair, quels animaux
répugnants! Vous êtes vraiment vierge?

Oui.

WARWICK

Oui, bien sûr. Une femme n'aurait pas parlé comme vous. Ma fiancée, en Angleterre, qui est une fille très pure, raisonne tout à fait comme un garçon elle aussi. Elle est indomptable comme vous. Savez-vous qu'un proverbe indien dit qu'une fille peut marcher sur l'eau?

Il rit un peu.

Quand elle sera Lady Warwick, nous verrons si elle continuera! C'est un état de grâce d'être pucelle. Nous adorons cela et, malheureusement, dès que nous en rencontrons une, nous nous dépêchons d'en faire une femme — et nous voudrions que le miracle continue... Nous sommes des fous! Cette campagne finie — bientôt, j'espère (vous savez, votre petit Charles est tout à fait knock-out maintenant), je rentre en Angleterre, faire cette folie. Warwick-Castle est une très belle demeure, un peu grande, un peu sévère, mais très belle. J'y élève des chevaux superbes. Ma fiancée monte très bien, moins bien que vous, mais très bien. Elle sera très heureuse là-bas. Nous chasserons le renard, nous donnerons quelques belles fêtes... Je regrette que tant de circonstances contraires ne me permettent pas de vous y inviter.

Un temps gêné, il conclut :

Voilà. Je tenais à vous faire cette petite visite de courtoisie, comme on se serre la main après un match. J'espère ne pas vous avoir importunée. Mes hommes sont convenables, maintenant ?

JEANNE

Oui.

WARWICK

On va sans doute vous transférer dans une prison d'Église. En tout cas, pour le temps qui vous reste à passer ici, à la première incorrection, n'hésitez pas à m'avertir. Je ferai pendre le goujat. Nous ne pouvons pas avoir une armée de gentlemen, mais nous devons y tendre.

Il s'incline.

Madame.

Il va sortir. Jeanne le rappelle.

JEANNE

Monseigneur !...

WARWICK, *s'est retourné.*

Oui ?

JEANNE, *demande soudain sans le regarder.*

Cela aurait été mieux, n'est-ce pas, si j'avais été brûlée ?

WARWICK

Je vous ai dit que pour le Gouvernement de Sa Majesté, l'abjuration est exactement la même chose...

JEANNE

Non. Pour moi ?

WARWICK

Une souffrance inutile. Quelque chose de laid. Non, vraiment, cela n'aurait pas été mieux. Cela aurait même été, je vous l'ai dit, un peu vulgaire, un peu peuple, un peu bête, de vouloir mourir coûte que coûte, pour braver tout le monde et crier des insultes sur le bûcher.

JEANNE, *doucement, comme pour elle.*

Mais je suis du peuple, moi, je suis bête... Et puis ma vie n'est pas ornée comme la vôtre, Monseigneur, toute lisse, toute droite, entre la guerre, la chasse, les plaisirs et votre belle fiancée... Qu'est-ce qui va me rester, à moi, quand je ne serai plus Jeanne ?

WARWICK

Ils ne vont pas vous faire une vie très gaie, certainement, tout au moins au début. Mais vous savez, les choses s'arrangent toujours, avec le temps.

JEANNE, *murmure.*

Mais je ne veux pas que les choses s'arrangent... Je ne veux pas le vivre, votre temps...

Elle se relève comme une somnambule regardant on ne sait quoi, au loin.

Vous voyez Jeanne ayant vécu, les choses s'étant arrangées... Jeanne délivrée, peut-être, végétant à la Cour de France d'une petite pension ?

WARWICK, *agacé.*

Mais je vous dis que dans six mois il n'y aura plus de Cour de France !

JEANNE, *qui rit presque, douloureusement.*

Jeanne acceptant tout, Jeanne avec un ventre, Jeanne devenue gourmande... Vous voyez Jeanne fardée, en hennin, empêtrée dans ses robes, s'occupant de son petit chien ou avec un homme à ses trousses, qui sait, Jeanne mariée ?

WARWICK

Pourquoi pas ? Il faut toujours faire une fin. Je vais moi-même me marier.

JEANNE, *crie soudain d'une autre voix.*

Mais je ne veux pas faire une fin ! Et en tout cas, pas celle-là. Pas une fin heureuse, pas une fin qui n'en finit plus...

Elle se redresse et appelle :

Messire saint Michel ! Sainte Marguerite ! Sainte Catherine ! vous avez beau être muets, maintenant, je ne suis née que du jour où vous m'avez parlé.

Je n'ai vécu que du jour où j'ai fait ce que vous m'avez dit de faire, à cheval, une épée dans la main! C'est celle-là, ce n'est que celle-là, Jeanne! Pas l'autre, qui va bouffir, blêmir et radoter dans son couvent — ou bien trouver son petit confort — délivrée... Pas l'autre qui va s'habituer à vivre... Vous vous taisiez, mon Dieu, et tous ces prêtres parlaient en même temps, embrouillant tout avec leurs mots. Mais quand vous vous taisez, vous me l'avez fait dire au début par Monseigneur saint Michel, c'est quand vous nous faites le plus confiance. C'est quand vous nous laissez assumer tout seuls.

Elle se redresse soudain grandie.

Hé bien, j'assume, mon Dieu! Je prends sur moi! Je vous rends Jeanne! Pareille à elle et pour toujours! Appelle tes soldats, Warwick, appelle tes soldats, je te dis, vite! Je renonce à l'abjuration, je renonce à l'habit de femme, ils vont pouvoir l'utiliser leur bûcher, ils vont enfin l'avoir leur fête!

WARWICK, *ennuyé.*

Pas de folies, je vous en prie. Je suis très satisfait comme cela, je vous l'ai dit. Et puis d'abord, j'ai horreur des supplices. Je ne pourrais pas vous voir mourir.

JEANNE

Il faudra avoir du courage, petit gars, j'en aurai bien, moi.

Elle le regarde qui est tout pâle, elle le prend par les deux épaules.

Tu es bien gentil tout de même malgré ta petite gueule de gentleman mais, tu vois, il n'y a rien à faire, on n'est pas de la même race, tous les deux.

Elle a une petite caresse inattendue à sa joue et sort criant :

Soldats! Soldats! Hé! les godons! Rendez-les-moi mes habits d'homme et quand j'aurai remis mes culottes, appelez-les, tous les curés!

Elle est sortie, criant.

Warwick resté seul, s'essuie la joue et murmure :

WARWICK

Comme tout cela est déplacé! Et vulgaire. Décidément, on ne peut pas fréquenter ces Français...

De grandes clameurs s'élèvent soudain.

— A mort la sorcière!
— Brûlez l'hérétique!
— A mort! à mort! à mort!

Tous les personnages reviennent rapidement, empoignant des fagots, hurlant des cris de mort précédant le bourreau qui traîne Jeanne, aidé par deux soldats anglais. Ladvenu tout pâle, suit.

Tout cela est rapide et brutal, comme un assassinat. Le bourreau, aidé par n'importe qui, peut-être le Promoteur, fait un bûcher avec les bancs qu'il y a sur la scène. On y fait grimper

Jeanne, on l'attache au poteau, on cloue l'écriteau infamant sur sa tête. La foule crie :

— Au poteau, la sorcière!

— Au poteau! Tondez-la, la fille à soldats!

— Au poteau! Au poteau! Brûlez-la!

WARWICK, *agacé.*

Stupide! C'est stupide! Nous avions bien besoin de cette mise en scène!

JEANNE, *crie sur le bûcher.*

Une croix! Une croix par pitié!

LE PROMOTEUR

Pas de croix pour une sorcière!

JEANNE

Je vous en supplie, une croix.

CAUCHON, *à Ladvenu.*

Ladvenu! A l'Église paroissiale. Courez!

> *Ladvenu sort en courant.*

LE PROMOTEUR, *à l'Inquisiteur.*

C'est irrégulier! Vous ne protestez pas, Messire Inquisiteur?

L'INQUISITEUR, *qui regarde Jeanne, tout pâle.*

Avec ou sans croix, mais qu'elle se taise, vite!

Regardez-la sur son bûcher qui nous nargue. Mais on ne triomphera donc jamais de lui?

JEANNE, *crie encore.*

Une croix!

Un soldat anglais a pris deux bouts de bois, les attache ensemble et crie à Jeanne:

LE SOLDAT

Tiens, ma fille! Ils me dégoûtent après tout, tous ces curés. Elle a droit à une croix comme les autres, cette fille-là!

LE PROMOTEUR, *se précipite.*

Elle est hérétique! Je te défends, l'homme!

LE SOLDAT, *le renvoyant d'une bourrade.*

Moi, je t'emmerde.

Il tend sa croix improvisée à Jeanne qui la serre avidement contre elle et l'embrasse.

LE PROMOTEUR, *se précipite sur Warwick.*

Monseigneur! Cet homme doit être arrêté et jugé aussi comme hérétique. J'exige que vous le fassiez immédiatement arrêter!

WARWICK

Vous m'ennuyez, Monsieur. J'en ai huit cents

comme cela, tous plus hérétiques les uns que les autres. C'est avec ça que je fais la guerre, moi !

L'INQUISITEUR, *au bourreau.*

Allez, mets le feu, toi, vite ! Que la fumée l'entoure, qu'on ne la voie plus !

A Warwick :

Il faut faire vite ! Dans cinq minutes, Monseigneur, tout le monde sera pour elle.

WARWICK

Je crains que ce ne soit déjà fait.

Ladvenu est accouru avec une croix.

LE PROMOTEUR, *glapit.*

Pas de croix, Frère Ladvenu !

CAUCHON

Laissez, Chanoine, je vous l'ordonne !

LE PROMOTEUR

J'en référerai en cour de Rome !

CAUCHON

Vous en référerez au diable si vous voulez, pour le moment, c'est moi qui commande ici.

Tout cela est rapide, bousculé, improvisé, honteux, comme une opération de police.

L'INQUISITEUR, *répète nerveusement*
courant de l'un à l'autre.

Il faut faire vite! Il faut faire vite! Il faut faire vite!

LADVENU, *qui est monté sur le bûcher.*

Courage, Jeanne. Nous prions tous pour toi.

JEANNE

Merci, petit frère. Mais descends, tu serais en danger d'être brûlé, toi aussi.

L'INQUISITEUR, *n'y tenant plus, crie au bourreau.*

Alors, l'homme, ça y est?

LE BOURREAU, *qui redescend.*

Ça y est, Messire, ça brûle. Dans deux minutes, la flamme l'atteindra.

L'INQUISITEUR, *soupire, soulagé.*

Enfin!

CAUCHON, *crie soudain, s'agenouillant.*

Mon Dieu, pardonnez-nous!

Il fait un signe, tous s'agenouillent et commencent les prières des morts. Le Promoteur, haineux, est resté debout.

CAUCHON, *lui crie.*

A genoux, Chanoine!

Le Promoteur a un regard de bête traquée et s'agenouille.

L'INQUISITEUR, *qui n'ose pas regarder, demande à Ladvenu qui est près de lui, tendant la croix à Jeanne.*

Elle regarde droit devant elle?

LADVENU

Oui, Messire.

L'INQUISITEUR

Sans faiblir?

LADVENU

Oui, Messire.

L'INQUISITEUR, *demande presque douloureusement.*

Et il y a presque comme un sourire, n'est-ce pas, sur ses lèvres?

LADVENU

Oui, Messire.

L'INQUISITEUR, *baisse la tête, accablé, et constate sourdement.*

Je ne le vaincrai jamais.

LADVENU, *resplendissant de confiance et de joie.*

Non, Messire!

JEANNE, *murmure, se débattant déjà.*

O Rouen, Rouen, tu seras donc ma dernière demeure ?

> *Elle gémit soudain.*

O Jésus !

AGNÈS, *agenouillée dans un coin,*
avec Charles et les reines.

Pauvre petite Jeanne. C'est trop bête... Vous croyez qu'elle souffre déjà ?

CHARLES, *qui s'éponge le front et regarde autre part.*

C'est un mauvais moment à passer.

> *Le murmure de la prière des morts couvre tout.*
> *Soudain, Beaudricourt arrive en courant, essouf-*
> *flé, bousculant tout le monde du fond de la scène*
> *ou peut-être même de la salle. Il crie :*

BEAUDRICOURT

Arrêtez ! Arrêtez ! Arrêtez !

> *Tout le monde s'est redressé, il y a un moment*
> *d'incertitude.*

CRIS DANS LA FOULE

— Quoi ? Arrêter quoi ? Qu'est-ce qu'il veut ?
— Qu'est-ce qu'il dit ? C'est un fou !

BEAUDRICOURT

Ouf ! J'arrive à temps !

Il crie à Cauchon :

On ne peut pas finir comme ça, Monseigneur ! On n'a pas joué le sacre ! On avait dit qu'on jouerait tout ! Ce n'est pas juste ! Jeanne a droit à jouer le sacre, c'est dans son histoire !

CAUCHON, *frappé.*

C'est exact ! Nous allions commettre une injustice !

CHARLES

Vous voyez ! J'étais sûr qu'on oublierait mon sacre ! On n'y pense jamais à mon sacre. Il m'a pourtant coûté assez cher.

WARWICK, *atterré.*

Allons bon ! Le sacre, maintenent ! C'est d'un mauvais goût ! Ma présence à cette cérémonie serait indécente, Monseigneur, je m'éclipse. De toute façon, pour moi c'est fini, elle est brûlée. Le Gouvernement de Sa Majesté a atteint son objectif politique.

Il sort.

CAUCHON, *crie au bourreau.*

Défais le bûcher, l'homme ! Détache Jeanne ! Et qu'on lui apporte son épée et son étendard !

Tout le monde se précipite joyeusement sur le bûcher et les fagots. Charles qu'on commence à habiller pour son sacre s'avance au public, souriant.

CHARLES

Cet homme a raison. La vraie fin de l'histoire de Jeanne, la vraie fin qui n'en finira plus, celle qu'on se redira toujours, quand on aura oublié ou confondu tous nos noms, ce n'est pas dans sa misère de bête traquée à Rouen, c'est l'alouette en plein ciel, c'est Jeanne à Reims dans toute sa gloire... La vraie fin de l'histoire de Jeanne est joyeuse. Jeanne d'Arc, c'est une histoire qui finit bien !

BEAUDRICOURT, *ravi, enlevant les fagots avec les autres.*

Heureusement que je suis arrivé à temps... Les imbéciles, ils allaient brûler Jeanne d'Arc ! Vous vous rendez compte ?

LE PÈRE, *qui enlève aussi les fagots avec le frère.*

Avance, toi. Et tire tes doigts de ton nez ! Prends modèle sur ta sœur ! Regarde comme elle est à l'honneur, qu'on se sent fier d'être son père !... J'avais toujours dit, moi, que cette petite avait de l'avenir...

On a rapidement élevé un autel au fond de la scène avec les moyens du bord, à la place du bûcher. Cloches éclatantes soudain, orgues. Un cortège se forme avec Charles, Jeanne un peu en retrait, puis les reines, La Trémouille, etc.

Le cortège se met en marche vers l'autel. Tout le monde s'agenouille dans l'assistance. Seule Jeanne est toute droite, appuyée sur son étendard, souriant au ciel, comme sur les images. L'Archevêque pose la couronne sur la tête de Charles...

Orgues triomphantes, cloches, coups de canon, envol de colombes, jeux de lumière, peut-être, qui donnent les reflets des vitraux de la cathédrale et transforment le décor. Le rideau tombe lentement sur cette belle image de livre de prix...

DU MÊME AUTEUR

Impression Brodard et Taupin
à La Flèche (Sarthe),
le 22 novembre 1988.
Dépôt légal : novembre 1988.
1er dépôt légal dans la même collection : février 1973.
Numéro d'imprimeur : 1880A-5.

ISBN 2-07-036336-8 / Imprimé en France
Précédemment publié par les éditions de la Table Ronde
ISBN 2-7103-0079-6.

44990